Daniel Hernández Osorio

CUANDO PARA AMAR ES TARDE

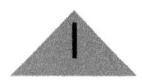

Publicado por
D'har Services
P.O. Box 290
Yelm, Wa 98597
www.dharservices.com
info@dharservices.com

Título en Ingles:

WHEN IT'S TOO LATE TO LOVE

«An awakening towards accomplishing your dreams»

Derechos de autor © 2003, 2014 Daniel Hernández

Carátula © Xiomara García

Fotografía carátula © E. Ángel

ISBN-13: 978-1-939948-24-3

Segunda edición 2014 «mejorada»
Primera edición 2003 « Más de10.000 ejemplares vendidos».

Derechos Reservados: Todos los derechos de autor están reservados. Este libro no se puede reproducir completo o por partes, o traducir a cualquier idioma por medios electrónicos, mecánicos, fotocopiado o ningún otro sistema sin la previa autorización por escrito del autor, excepto por alguna persona que use pasajes como referencia.

Estados Unidos de América
USA

A:

Angélica, mi compañera de camino.
A mis hijos, cinco regalos que me ha dado el cielo, a quienes agradezco profundamente su existencia:
Julio Daniel quien me ha enseñado a soñar con sabiduría.
Andrea Carolina cuya inteligencia y sentido de justicia superan cualquier expectativa.
Juldy Roxana una bella expresión de Dios hecha dulzura.
María Fernanda cuyo carácter llena mi corazón de añoranzas.
Arturo Hernández un ser de luz lleno de arte e inspiración.

AGRADECIMIENTOS

En primer lugar quiero destacar a mis padres, Julio Daniel y Marina, a mi esposa, mis hijos y mis hermanos.

A todas las personas que directa o indirectamente contribuyeron para la publicación de este libro.

A personas como: Richard Deeb, Flory Lobrinsky, Enrique Leal, Alex Padilla, John Roger, Waldo Alborta, Alan Frenk Lamm, Sigrid Effing, Ronald Fuchs, entre otros. Que han facilitado mi inmersión a este prodigioso conocimiento; a través de sus escritos, seminarios y conferencias.

Mi posibilidad de investigar, comprender, cuestionar, modificar y apreciar lo maravilloso que es llegar a vivir lo que uno quiere vivir, fue en gran parte gracias a la influencia que ejercieron en mí todos los que decidieron ser mis socios, clientes y alumnos. Especialmente aquellos que estando privados de su libertad estuvieron dispuestos a escuchar, aprender, experimentar y mejorar. Ver sus transformaciones personales, me ha llevado a afianzar el sentido de mis enseñanzas.

Susana Nivia Gil por su valioso apoyo en el proceso de preparación editorial.

Ana María Lozano por recopilar mucha de esta información.

Luis Fánor Martínez por sus comentarios.

A todos les agradezco su apoyo y entrega para materializar este libro.

ÍNDICE

Biografía _____ XIII

Prólogo _____ XV

Introducción _____ XVII

PARTE I – Introspección _____ 21

PARTE II – Confusión _____ 27

PARTE III – Diálogos _____ 37

PARTE IV – Conocimiento _____ 46

Runa 1 – Dios _____ 47

Runa 2 – Propósito y sueños _____ 52

Runa 3 – La ley del Rang: todo es posible _____ 60

Runa 4 – El poder del pensamiento _____ 64

Runa 5 – El poder de la palabra _____ 68

Runa 6 – El poder de la acción _____ 73

Runa 7 – Sentimientos y emociones _____ 75

Runa 8 – El alimento _____ 78

Runa 9 – La respiración _____ 81

Runa 10 – El silencio _____ 83

Runa 11 – La energía sexual _____ 85

Runa 12 – El fluir de la energía _____ 89

Runa 13 – El perdón _____ 92

Runa 14 – La creatividad _____ 95

Runa 15 – La actitud _____ 97

Runa 16 – El liderazgo _____ 100

Runa 17 – La comunicación _____ 103

Runa 18 – La disciplina _____ 106

Runa 19 – La honestidad _____ 110

Runa 20 – El tiempo _____ 113

Runa 21 – La excelencia _____ 116

Runa 22 – Yo gano, Tú ganas _____ 118

Runa 23 – El poder de la asociación _____ 120

Runa 24 – El poder de las metas _____ 122

Runa 25 – La prosperidad _____ 125

Runa 26 – La ley de la aceptación _____ 130

Runa 27 – La ley de la vibración _____ 133

Runa 28 – La ley de los ciclos _____ 136

Runa 29 – La ley del enfoque _____ 140

Runa 30 – La ley de la polaridad _____ 142

Runa 31 – La ley del Karma y el Dharma o Causa y efecto __ 145

Runa 32 – La ley de la reversibilidad _____ 151

Runa 33 – La ley de la sincronía _____ 155

Runa 34 – Luz y sombra _____ 158

Runa 35 – Primer día	163
Runa 36 – Segundo día	166
Runa 37 – Tercer día	168
Runa 38 – Cuarto día	170
Runa 39 – Quinto día	172
Runa 40 – Sexto día	174
Runa 41 – Séptimo día	176
Runa 42 – Trabajar en la luz	180
Runa 43 – La nueva era	186
Runa 44 – La muerte	193
Runa 45 – Almas Gemelas	197
Runa 46 – Inmortalidad física	200
Runa 47 – El poder del amor	204
Runa 48 – Las bienaventuranzas	208
Parte V – Iluminación	211
Final de los diálogos	212
Renacimiento	218
Despertar	219
Del autor	222

DANIEL HERNÁNDEZ OSORIO

Considerado uno de los oradores latinoamericanos más destacado en el área de desarrollo personal, es contador público de la Pontificia Universidad Javeriana de Bogotá, Colombia, donde ha sido profesor de la cátedra Modelos de excelencia. Es Máster y capacitador en programación neurolingüística «Santiago de Chile». Realizó los seminarios Insight del I al IV avalados por la Universidad Santa Monica de California, Estados Unidos.

Es profesional de Rebirthing, Pensamientos Creativo y Programación Celular de la Asociación Española de Rebirthing. Participó en los cursos de: Fotolectura, Activando tu Éxito y Mapas Mentales en el colegio de Investigación y Desarrollo Empresarial de México.

Se ha capacitado en talleres de autoconocimiento: Psicodrama, Eneagrama, Gestalt, Musicoterapia, Hipnosis, Reiki, Poder Mental, Macrobiótica, Catarsis, Meditación Trascendental y Manejo de Acciones y Proyectos (MAP).

Como labor social en las cárceles colombianas, dicta talleres de liderazgo, creatividad y comunicación con énfasis en la responsabilidad personal.

Trabajó en la rehabilitación de militares heridos en combate en el batallón de sanidad en Bogotá, Colombia.

Fue locutor y productor de Radio y Televisión.

Es un exitoso empresario en la construcción de comunidades de consumidores o mercadeo en red y su amplia experiencia en esta área le ha permitido capacitar a empresarios en diferentes países alrededor del mundo.

Fue gerente para Colombia de una destacada empresa en el mundo de la capacitación del sistema de comercio interactivo.

Se ha destacado como asesor empresarial en diversas compañías en Latinoamérica. Entrena en los principios de éxito a profesionales de todas las áreas, quienes con la mejora indiscutible de su calidad de vida y desarrollo en sus empresas verifican la eficacia de lo aprendido.

Daniel Hernández es el creador de tres poderosos seminarios-talleres de desarrollo personal:

Autoconocimiento
Nacer al Amor
Modelos de Excelencia

Buscan que el individuo logre un mayor conocimiento de sí mismo, reconozca y transforme sus limitaciones. Aprenda y aplique los principios de éxito en su vida.

El autor lo invita a incursionar en Cuando para amar es tarde; un compendio de principios de éxito que lo cautivará e inspirará a perseverar y hacer lo necesario para conquistar sus sueños, con claridad de objetivos y buscando fuerza interna.

PRÓLOGO

Para mí es un honor que mi padre me haya pedido escribir el prólogo de su primer libro. Este es un manual de excelencia humana.

Gracias a mi madre recibí una formación Cristiana y, con el tiempo he formado un sistema de evaluación de la información que recibo y de mis creencias.

Crecí en una sociedad de culturas, razas y valores muy diferentes, como es la norteamericana, y gracias a las enseñanzas de mi madre, aprendí a elevarme y extractar información por encima de cualquier juicio.

En mi opinión, si lo que usted cree y practica afecta su vida en una forma positiva, siga adelante con ello. Por esto le sugiero, extraer y adaptar la información de este libro que considere le es positiva para edificar su vida.

Mi padre, conocedor de muchas líneas de pensamiento, transmite a través de este libro el conocimiento que él ha adquirido y aplicado a lo largo de su camino. Cuando para amar es tarde es un viaje cuyas experiencias y lecciones servirán de guía hacia la comprensión del amor y el encuentro con la divinidad dentro de usted. Este libro es un manual moderno de existencia que contiene una excelente visión de lo importante que es estar en comunión con nuestra esencia.

La persona que escribe un prólogo de un libro generalmente es un maestro de su contenido o alguien que conoce muy bien el tema, sin embargo, yo, como tal vez sea su caso, soy solo un aprendiz del mismo. Es sólo después de esta afirmación que me siento cómodo al compartir este sentimiento frente al reto de escribir este prólogo. Al proyectar qué escribir me di cuenta que la explicación que mi padre me dio sobre el título del libro, estaba muy bien plasmada en la experiencia que yo vivía en ese momento. Como muchos, yo también escuché en varias ocasiones que "nunca es tarde para amar". Pero entonces vivenciaba lo que otras experiencias previas le habían revelado a mi padre; que el momento de amar es el presente, que la capacidad de devolver el tiempo y actuar en el momento oportuno, ya sea elaborando un prólogo o cualquier otra cosa que dejemos aplazada no es posible. El resultado lógico es darse cuenta de que no amaste en ese momento, y nunca podrás amar en ese momento de nuevo, porque ya ha pasado.

Es importante entender esto, no para entrar en una depresión por el pasado que en mi opinión allí se debe quedar, sino para comprender el gran significado de la opción que poseemos de amar ahora, de vivir con amor y poner amor en todo lo que hacemos.

Al terminar de leer este libro, usted conocerá muchas de las trampas simples y complejas que tiene el ser humano, desconocer todo su potencial, aplazar las cosas para después, la ignorancia de las leyes naturales y el conformismo son algunas de ellas.

Yo elegí hacerlo, y lo invito a que haga suyas, las enseñanzas que aquí se ofrecen y trabaje continuamente en el camino para convertirse en un mejor ser, tenga en claro que las teorías escritas poco harán por usted a no ser que esté decidido a ponerlas en práctica.

Este libro nos provee las herramientas que nos permiten amar todo y a todos a partir de este momento... antes de que sea tarde para hacerlo.

Dios te bendice,

Julio Daniel Hernández T. III

INTRODUCCIÓN

El viaje más corto y también el de más demorado tránsito es aquel que nos lleva de la cabeza al corazón; cuarenta centímetros de distancia y vidas enteras para recorrerlo. Te invito a leer este libro para vivir ese recorrido.

Aprender a ir más allá de la piel y encontrar la esencia misma de las cosas, llegar a un lugar sagrado sin juicios y sin mapas, donde el ser es pleno, omnipotente, omnisapiente y omnipresente, donde los límites no existen o son autoimpuestos.

Considera que te hallas frente a dos instantes mágicos e importantes, similares a dos momentos igualmente mágicos e importantes que suceden en el encuentro del maestro y el alumno, a saber: el maestro aparece sólo cuando el alumno está preparado y cuenta con una numerosa variedad de acontecimientos, acaecidos antes y después de su aparición, que determinan si realmente el alumno merece ese encuentro; y el momento de la despedida que verifica si las lecciones han sido aprendidas.

El primero es un filtro y sólo aquel que esté preparado podrá nutrirse con el elíxir de la sabiduría; el segundo una confirmación, la confirmación de que ya estás listo para dar un paso hacia tu propia excelencia. El título del libro es ese filtro, es el primer examen para confirmar si estás preparado para ir de la cabeza al corazón, puedes crearte prejuicios y suponer que te hallas ante una novela rosa; y el segundo momento, una vez que hayas interiorizado los principios y enseñanzas aquí expuestos, será la magia de un despertar hacia la conquista de ti mismo y de tus sueños.

En junio de 2001, durante una estadía en Estados Unidos con motivo de la graduación de mi hija Andrea, aproveché para trabajar más intensamente en este libro. Al regresar a Colombia, un virus de la computadora borró los archivos y me encontré de nuevo con un sueño y todo el camino por recorrer; escribir requiere una cantidad de tiempo y trabajo que en muchos casos impide continuar con nuestros demás propósitos.

Reflexioné. Recurrí a muchas disculpas. Pensaba que no podría disponer del tiempo necesario y que resultaría muy oneroso volver a empezar. Así que, deseaba escribir un libro acerca de la importancia de darnos tiempo para hacer en la vida lo que consideramos importante, del compromiso frente a nuestros sueños, de la constancia y la perseverancia en el logro de nuestras metas, de vivir la vida con valor, fe, entusiasmo y amor. A pesar de tantos deseos, sólo inventaba las mejores disculpas para no perseverar, para claudicar.

Cuántas ideas transformadoras terminan en el olvido por la costumbre de renunciar ante las dificultades y olvidar que venimos a mejorar como persona, a aprender de las lecciones que obtenemos al superar los obstáculos. ¿Cuántos habrían soñado con ir a la luna antes que unos pocos se atrevieran a hacer posible este sueño? ¿Cuántos habrían intentado volar antes de los hermanos Wright? ¿Cuántos habrían pensado la redondez de la Tierra antes de los descubrimientos de Cristóbal Colón? ¿Cuántos en épocas anteriores a Cristo, sabían que todo se puede lograr con amor?

Es común ver gente llena de dones, aptitudes y cualidades, y sin embargo fracasadas debido a su falta de perseverancia en la búsqueda de lo que anhelan y al mal hábito de no actuar. Yo también estuve frente al mismo dilema que millones de personas enfrentan a cada momento de su existencia: perseverar o claudicar. Y antes de tomar una decisión consciente, ya me hallaba frente a la computadora escribiendo de nuevo *"Cuando para amar es tarde..."* después de un sueño que cambiaría mi vida.

*En la paz de tu alma encontrarás sabiduría
y en el despertar de la aurora la transformación de un día,
días de amor y luz, días de tinieblas
y desesperanza, lo mejor... ¡TÚ ELIGES!*

En tiempos en que el olvido aún se recuerda y el día y la noche no marcaban diferencia, vivía un hombre habituado a postergar e incapaz de completar sus sueños. Transcurría su vida en la incoherencia entre lo que él sabía era capaz de lograr y los resultados obtenidos cada día como consecuencia de la aplicación de equivocados principios y estrategias de vida.

El personaje de esta historia vive diariamente el dilema de muchos de nosotros; así que ésta es mi historia y tu historia, aunque ni tú ni yo la hayamos vivido.

PARTE I

INTROSPECCIÓN

¿Qué sucedería si supieras con absoluta certeza que en el libro de la vida está escrito que hoy es tu último día en este planeta? ¿Qué harías?... Por favor, hazlo ahora. Parafraseando a Ernest Hemingway, no preguntes por quién doblan las campanas, mejor ¡Sé diligente! Las próximas pueden doblar por ti.

* * *

Realmente estaba agotado; muchos recuerdos cruzaban por mi mente. La parte inconclusa de mis días, las promesas incumplidas, las metas abandonadas y los asuntos iniciados me hacían sentir demasiado cansado. Alguna vez escuché que no cerrar ciclos o comprometernos y no cumplir provoca un acelerado gasto de energía que produce un enorme cansancio aunque no se realice esfuerzo alguno. Es decir, que no se trata de hacer lo que produce cansancio sino tener asuntos pendientes; incluso, se ha comprobado que realizar muchas actividades nos prepara para más actividades y permite descubrir dentro de nosotros gran cantidad de energía nunca antes imaginada.

En la pared verde claro de frente a la sala, el viejo reloj de madera marcaba la una y quince minutos de la tarde. Después de almorzar me dispuse a tomar la siesta en el sofá, que lucía más cómodo que nunca. Caí como un niño en su cuna, con ese ritual de placer que repetía desde hacía algún tiempo, acaso desde que dejé de trabajar como empleado, momento que aún recuerdo.

No fui yo quien tomó la decisión. Por el contrario, el día que me despidieron surgieron todos los miedos y sentí el mundo derrumbarse. Hoy no tengo cómo agradecer al cielo tal acontecimiento; una decisión que, si bien incapaz de tomarla en aquel momento, mi corazón anhelaba. Desde hacía algún tiempo quería abandonar mi empleo, los temores y el miedo a ser libre, con toda la responsabilidad que ello conlleva, me conducían a la mejor disculpa para aplazar mi propia decisión. Como decía Shakespeare: "hay una divinidad que rige nuestra vida por mucho que queramos alterarla". El universo tomó la decisión por mí y me puso en el camino de acometer y escribir mi propia historia. Así fue como la vida se encargó —como siempre lo hace— de convertir en realidad los deseos auténticos del corazón.

Quise aprovechar al máximo los quince minutos de descanso, tendría tanto por hacer que convenía recuperar energías. Muchas veces, mientras descansaba, creí resolver alguno de tantos asuntos pendientes. Es contradictorio querer dormir un rato para descansar, olvidarnos por un momento de nuestra realidad, y darnos cuenta después que nuestro sueño se convierte en pesadilla que expresa la representación del no haber resuelto cuestiones pendientes; incluso en varias ocasiones desperté temblando y sudoroso, con frecuencia me ocurría cuando dormía, y rara vez en las siestas.

Esta vez todo fue distinto. De repente me invadió una paz profunda, un sentimiento de amor nunca antes experimentado, gozo y deseo de vivir; sobre todo, una necesidad imperiosa de completar tantos propósitos inconclusos en mi vida. Me prometí tomarlos uno por uno y llevarlos hasta su final; me sentí lleno de poder, fortaleza y decisión. Repasé mi vida y pude ver imágenes claras de momentos trascendentales; por ejemplo, aquel día en que prometí escribir un libro. Pero, también me vi esgrimiendo las mejores disculpa para aplazarlo: "Hoy no estoy inspirado, las musas no me hablan", "estoy muy ocupado", "mañana será un mejor día", y así, día tras día, hasta que llegó el momento en que simplemente murió la ilusión y me escuché diciendo a mí mismo que no poseía vocación para ello.

Los seres humanos encontramos infinidad de maneras para menospreciar nuestro poder, el que hoy entiendo ilimitado. Tal vez no nos damos cuenta que estas pequeñas mentiras y estas pequeñas licencias nos debilitan, traicionan nuestros sueños y nos dejan sin esperanza. Muchas veces dije a mis alumnos en la universidad que detrás de una disculpa hay un mediocre «persona que medio cree». Detrás de una pequeña disculpa, un pequeño mediocre; detrás de una gran disculpa, un gran mediocre.

Qué diferente si hubiera ejecutado las acciones necesarias. Sí. La acción.

En la acción estaba el secreto, la palabra mágica que hace posible lo imposible, el abracadabra de nuestras realizaciones. ¿Por qué ignorar que la acción nos vuelve maestros, nos aparta del valle de la ilusión y la fantasía y nos conduce al valle de la esperanza y la plenitud? En cualquier arte se sabe que la repetición crea nuestra reputación y que la repetición es producida por la acción. Tener claro lo que se quiere, el resultado exitoso que se busca y realizar acciones que nos lleven a ese resultado, corrigiendo constantemente el rumbo es una de las formas más fáciles para alcanzar el éxito de nuestros proyectos.

Qué bueno sería que frente a cada sueño, cada proyecto o idea, tuviésemos la determinación de actuar. No recuerdo bien, pero en algún lugar leí que no es que la inspiración surja y el pintor toma el pincel e inicia la construcción de su obra de arte; por el contrario, cuando el pintor toma su pincel y empieza a plasmar su obra de arte es cuando la inspiración surge. Ahora lo comprendo con claridad. Acción, acción, acción, y la inspiración nos acompañará en todo lo que emprendamos; las musas están muy ocupadas como para perder tiempo con aquellos que no tienen certeza en su corazón. El fin de todo conocimiento es inspirarnos a la acción.

Durante las reflexiones de la siesta, otros recuerdos vinieron con nitidez a mi mente, y en cada uno de éstos encontraba una necesidad inaplazable de actuar. Me di cuenta que de nada sirve postergar y me prometí asumir sistemáticamente todo lo pendiente y culminarlo. Jamás había tenido este sentimiento tan claro; todo estaba decidido; a partir de este día me convertiría en un hombre nuevo y supe que esto me daría mucho poder. Este sentimiento se fortaleció dentro de mí con sólo planear cerrar los ciclos y una gran energía comenzó a fluir desde mi interior.

Después de aquella siesta, al levantarme del sofá, la luz del día lució más brillante. Poseía mayor concentración en el presente y, como nunca antes, inmensas ganas de vivir y actuar. Los rayos del sol entraban tenuemente por la ventana y mi temperatura corporal era algo más cálida que de costumbre. Frente a mí el cuadro de La Última Cena me anclaba con recuerdos de mi infancia; algo me hacía ver el ambiente más nítido y luminoso. Quise dejar atrás la comodidad del ambiente y lanzarme a la acción. En este corto tiempo de reflexión y descanso quedó muy claro que la clave de la vida está en actuar de inmediato y cumplir los compromisos asumidos con nosotros y frente a los demás. Al ponerme de pie me sentí más liviano que de costumbre. En mi diálogo interno me decía que así era la magia de tomar una decisión.

En síntesis, estaba más feliz y consciente. De repente, en medio de aquella extraña pero agradable sensación, sentí la imperiosa necesidad de mirar atrás, hacia el sofá y cuando lo hice un frío intenso heló mi cuerpo. Me di cuenta que estaba yo acostado, incomodo, pálido y yerto. Fue tal mi sorpresa que grité confundido, con un grito profundo que inundó la sala y amenazó con reventar los vidrios de las ventanas; pero, nadie me escuchaba. Sabía que estaba muerto pero no quería admitirlo. Una vez más se me hacía tarde para amar, esta vez para amar la vida.

"La vida, como la Tierra, es redonda; caminas tanto que al final llegas al mismo lugar".
Daniel Hernández

"Cuando Pedro salió esa mañana, no sabía ¡oh, alma querida! que la luz de esa clara mañana era la luz de su último día".
Silvio Rodríguez

PARTE II

CONFUSIÓN

Sentí confusión, rechazo y deseé que esta experiencia fuera sólo una pesadilla, que no fuese verdad. Quise despertar con la tranquilidad de que sólo se trataba de un sueño. Pero, no era así, me había quedado en el mundo de los sueños y al mirarme en ese cuerpo inerte sentí deseos de no regresar a él. Sin embargo sí quería volver a la experiencia de estar vivo, a lo que yo creía era estar vivo. Nunca antes había tenido tanta conciencia ni vivido el presente con tanta plenitud y energía. Mi cuerpo, no el que yacía en el sofá sino ese que ahora sentía y vivía y que seguramente utilizaba noche tras noche mientras dormía, ahora estaba más joven y lleno de vitalidad.

Alguien entró en la sala y al verme tendido dijo que me despertara que se hacía tarde –yo me preguntaba ¿tarde para qué?–; me reprochaba el que no aprovechara mejor el día, ésas no eran horas para dormir; me sacudía por los hombros y más fuerte me gritaba; estaba entrando en un estado de pánico. Finalmente gritó ¡Está muerto! Al voltear me di cuenta que ese alguien era mi esposa. Últimamente nuestra relación no marchaba bien; desde hacía algún tiempo ella había empezado a dejar de creer en mí, muchas veces me vio iniciar proyectos sin concluirlos; aún me amaba y aceptaba. Y gracias a su amor y aceptación ella esperaba que, de alguna manera, me transformara en la persona que cada mañana prometía ser.

Todo era caos; sonaba el teléfono; ella hacía algunas llamadas; llegaba gente a mi casa – ¡qué irónico decir mi casa, ahora no podía ni tocarla!–. Veía las caras de tristeza de la familia que llegaba; quise gritarles que estaba más vivo que nunca; trataba de tocarlos no me sentían. Pasaron corriendo por delante unos señores con una camilla no los sentí; parecía que me hubieran traspasado. Me di cuenta que podía escuchar perfectamente lo que la gente hablaba no podía tocar nada; sólo podía conectarme con ese cuerpo por medio de la vista y el oído, pero no con los ojos o los oídos de ese cuerpo que cada vez me producía más rechazo, sino con mi cuerpo análogo que era igual a ése, pero, no era ése, era un duplicado mejorado, más liviano y sutil. Todo acontecía deprisa, tuve la misma sensación de cuando iba al cine y sentía que había pasado mucho tiempo, días o años, mientras el reloj sólo había marcado dos horas de película.

Lágrimas, desolación, mucha confusión y rechazo era lo que podía observar. Levantaron ese cuerpo que me negaba a aceptar que era mío, lo vistieron, maquillaron e introdujeron en un ataúd. ¡Qué escena!

Tiempo atrás, en un curso de crecimiento humano, un instructor decía que al momento de morir podríamos escuchar lo que pasara a nuestro alrededor y que ése era el purgatorio. Ahora sabía que era cierto. ¡Un verdadero purgatorio aquella sensación! También decía el instructor que en la medida que estuviésemos dispuestos a seguir nuestro camino y no atarnos a lo que llamamos vida, el proceso sería menos doloroso. Nos recomendaba seguir la luz que, según él, veríamos y que hiciéramos como si acabáramos de despertar de un sueño; sería ridículo querer seguir soñando lo mismo, era mejor estar dispuesto a vivir un nuevo día para tener un nuevo sueño.

A pesar que todo eso me parecía muy lógico, ahora que me encontraba en dicha situación no quería despertar; una parte mía se negaba a aceptar. Cuanto más rechazaba la situación más sufrimiento albergaba mi corazón y se hacía cierta la predicción que pasaría por mi propio purgatorio. Evoqué las palabras del instructor: "Si quieres dejar de sufrir debes deshacerte de la necesidad de perpetuar el pasado y abandonarte a confiar que todo lo que viene es mejor que lo vivido hasta ahora". ¿Cómo renunciar a tantas experiencias vividas?

En tal circunstancia, reflexioné y recordé que varias veces en mi vida había muerto a muchas situaciones, y que generaba sufrimiento cada vez que no aceptaba que el tiempo de compartir con alguien o de vivir una experiencia había finalizado; hasta que por fin lo aceptaba y reconocía que pasara lo que pasara no podía retener el tiempo.

Sí, muchas veces en vida ya había muerto. Como, cuando quise volver a la ciudad de mi niñez, después de 20 años y ya no existía la casa donde habíamos vivido; fui a la de un amigo de la infancia y por la ventana una mujer de blanca cabellera me contó que estaba casado y residía en una ciudad lejana; sentí tristeza su madre no se acordó de mí y ni siquiera me abrió la puerta. En otra ocasión me negué a aceptar que se acabara la relación con quien era mi novia; años después me encontré con ella en un centro comercial y no logré recordar su nombre; también ella había muerto dentro de mí. Aunque quisiera recuperar esos momentos ya no era posible. ¡Tal vez morimos en vida cada instante!

Una poetisa amiga, Constanza de Samper, escribió: "Vivo mi vida muriendo en instantes, muero en vida y en muerte vivo, es el vivir un morir de mil formas y un despertar después de mil muertes".

Respiré profundamente; cerré los ojos y me negué a seguir vivenciando esta experiencia. Podía reconocer en esa decisión mi propia despedida; despedida de mí mismo, de ese sueño, de esa vida, de mi pasado, de todo. Era una decisión tomada, había llegado la hora de continuar mi camino y dejar atrás toda esa historia. De repente, una luz me envolvió; ya no veía nada y mi corazón ardía de felicidad. ¡Qué sensación! Nunca hubo tanto amor en mi corazón; fue como estar frente a frente con alguien superior a mí, con la luz, con Dios, con la esencia misma de las cosas.

Durante el curso de crecimiento humano se nos advirtió que en el momento de morir nos encontraríamos frente a frente con Dios, sin importar cuáles fueran nuestras creencias. Si alguien creía en Buda se vería frente a Buda; si creía en Cristo, frente a Cristo; si creía en Mahoma, frente a Mahoma; si creía en la Virgen, la vería; si creía en un santo a éste vería. Alguien preguntó qué pasaría si no creyésemos en nadie y el instructor respondió que sentiríamos la presencia de algo superior y veríamos la luz, porque Dios al ser todo puede convertirse en la imagen que hicimos de Él cuando en vida buscamos nuestra divinidad.

Plenitud y omnipresencia me envolvían. Tuve ganas de llorar, no de tristeza; esta vez era felicidad y amor lo que brotaba de mi ser. Me sentía bienvenido, amado y aceptado. Podía reconocer en verdad que estaba con Dios, en Dios, que quizás nunca me había separado de Él. Por un instante imaginé que tal vez sería juzgado, evaluado o condenado, en realidad mi sensación era sólo de aceptación; mi pensamiento borró todas las cadenas del pasado. No sé cuánto tiempo pasó, me pareció infinito, en verdad no quería salir de esta experiencia... y de nuevo estaba olvidando que apegarse es la manera más segura para generar sufrimiento y que fluir, confiar en el cambio, esperar lo mejor de cada nuevo instante es la manera adecuada de tener fe y creer en Dios. Cuántas veces me repetí que todo sucede para mi bien, que persiste aquello a lo que uno se resiste y que el dolor es el precio que se paga por resistirse a la vida.

Empecé a entender que el cambio es inevitable y descubrí que estaba rodeado de amigos que habían muerto antes que yo; algunos de ellos aparecían en sueños anteriores o, como normalmente se nombra, en otras vidas; la expresión de sus rostros era de comprensión y sus actitudes, de bienvenida. No soporté las ganas de explotar en carcajadas, mi sentimiento era de plenitud y la risa provenía desde mi alma. De inmediato supe dos cosas. Una, que las experiencias en el mundo de los muertos –que en adelante llamaré cuarta dimensión– son tan intensas o superiores a las del mundo de los vivos –que en adelante llamaré tercera dimensión–, creo que ese mundo que llamo cuarta dimensión es el mismo a donde vamos cuando dormimos, quizá para que no olvidemos de dónde venimos. Dos, que en la cuarta dimensión no es posible comunicarse con sonidos ni palabras –al menos hasta ese momento– todo es cuestión de energía.

Cada persona irradiaba energía de su cuerpo con diferentes intensidades y variados colores; les entendía perfectamente sin saber cuándo había aprendido ese idioma. Inmediatamente noté que cada vez que cambiaban mis pensamientos, cambiaban el color y la intensidad de mi energía. Algo me decía que en la tercera dimensión también nos comunicábamos de esta manera, que la mayoría de nosotros perdía la capacidad de ver e interpretar esas energías, principalmente porque nuestro corazón no es lo suficientemente puro como para conectarse con este conocimiento; razón que nos impide comunicarnos con duendes o ángeles y despertar a la más profunda sabiduría, esa que nos es transmitida sólo a través de los cuentos infantiles. De nada serviría que el hombre tuviera esa información no la entendería y, de entenderla, seguramente buscaría manipular con ella.

No sé cuanto pasó mientras viví esta experiencia, noté que mi percepción del tiempo cambiaba; ahora era más lento o tal vez lo percibía así por tener mayor conciencia de los detalles. Seguía viendo que mi cuerpo, igual al que tenía en tercera dimensión, lucía mejor y más joven.

De pronto, en menos de un palpitar, me encontré en un mundo paralelo cuya realidad reflejaba exactamente la tercera dimensión. De nuevo era una versión mejorada de la Tierra. Grandes ciudades con mayor tecnología; muchas personas transitaban calles, avenidas y se dirigían a casas y edificios de variada arquitectura; cada quien sabía para dónde iba. Observé que muchos seres, como yo, llegaban a este mundo paralelo, a este lugar donde constantemente ingresaban y salían muchas personas, me pareció curioso, recordé que en la tercera dimensión es igual. El sitio era diverso y muy bello. Para mí era novedoso el ambiente de paz y respeto; todos estaban muy ocupados completando algo como para querer interesarse en interrumpir o incomodar a los demás.

Llegué a un lugar que creía haber conocido antes, una parte mía sabía que debía ir directamente ahí, al igual que cuando regresas al hogar después de mucho tiempo de ausencia y sabes exactamente dónde está todo. Noté que los estilos de vida eran muy diferentes; sin embargo, nadie se quejaba del suyo; hasta yo, un recién llegado a este mundo, entendía que ese estilo de vida era el que me merecía y que correspondía a mi nivel de evolución o aprendizaje; también comprendí que la tercera dimensión era el lugar para evolucionar. Sí, las diferencias en cuarta dimensión eran muy grandes, nadie envidiaba a nadie; se respetaba y admiraba la calidad de vida, mientras mejor fuera, significaba mayor evolución; cada cual tenía lo que se merecía por lo que había hecho en vida. Ahora comprendía las enseñanzas del instructor: la experiencia más completa, jamás vivida, es estar frente a Dios y esto ocurre conscientemente en el momento de la muerte.

Tomé conciencia; me había trasladado a otro lugar, a una gran ciudad, un sitio preestablecido por mí. Me encontré con amigos que habían muerto antes que yo, podíamos comunicarnos de nuevo; me daban la bienvenida y sus rostros reflejaban misericordia hacia mí –como se recibe a alguien después de haber pasado por una experiencia muy dura–; me expresaban aceptación y amor; nadie me juzgaba; me observaban como si supieran que lo mejor estaba por venir; en sus miradas había felicitaciones silenciosas. No obstante, me sentía incompleto, faltaba algo y deseaba saber qué era; tenía la sensación que iba a ser evaluado, el momento de responder por lo que había hecho en vida había llegado. Y sentí temor, ganas de escapar.

Sabía que no había logrado todo lo que deseaba y que muchas situaciones habían quedado sin resolver; además, me hubiera gustado ser consciente que eso llamado vida es irreal y no haber caído atrapado en esa ilusión. Pero, ya era tarde para el arrepentimiento. Entendía que a todos los mortales nos pasa, todos sabemos que vamos a morir, sin embargo, nadie acepta que el próximo pueda ser él. A la mayoría de nosotros la muerte nos agarra por sorpresa sin dejarnos siquiera hacer maletas o reparar los daños que hemos causado en nuestras vidas. Parece que ignorar cuándo nos toca el turno es parte del juego de la vida. Los verdaderos sabios se preparan cada día para morir y al mismo tiempo para vivir.

Durante esta reflexión la luz volvió a inundarme; fue sorprendente estar solo en medio del todo, mejor dicho, ser el todo. De nuevo esa plena e inefable sensación. Me vi ahí frente a Él, con la imagen que hacía tiempo tenía de Dios; un rostro bello que representaba todo, la pureza, la sabiduría y el amor que jamás vi en rostro humano alguno y que al mismo tiempo era mi rostro. No entendía que la imagen de Dios fuera mi propia imagen. Fue como contemplarse a sí mismo en un ser perfecto reflejado en un espejo. Aunque con los mismos rasgos físicos, ese otro yo reflejaba sólo amor, luz, pureza, justicia, honestidad, sabiduría, humildad y otra cantidad de sentimientos sagrados. Me miraba con tanta ternura y comprensión que mi garganta estaba totalmente cerrada; no podía emitir palabra alguna; tal vez lo único que busqué en vida fue parecerme a Él, a ese yo perfecto que todos llevamos dentro. Ahora entendía la razón por la que las mejores respuestas a mis preocupaciones surgían desde dentro de mí. Se confirmaba una de mis más arraigadas creencias: Dios y yo somos uno solo y el sentido de la vida es descubrir ese ser sin límites que todos llevamos dentro, o mejor, en el que siempre habitamos y de quien jamás nos separamos.

Ésta debe ser la razón de esa necesidad del ser humano de fijarse metas más allá de los límites y encontrar en los obstáculos oportunidades para avanzar. La gente que no busca superarse a sí misma, que no tiene retos, metas, sueños, empieza a morir, tal vez la razón de vivir está en reconocer que todo es posible. Mi teoría se comprobaba y en ese momento, frente a Dios, era necesario tranquilizarme, esta vez Él tendría que escucharme y responder a unas cuantas preguntas.

Me pregunté si esto sería otra ilusión, si sólo estaría frente a mi propia fabricación mental y si lo que veía sería sólo lo que quería ver. De repente, oí una voz, más dulce que la melodía más bella jamás escuchada, que me decía:

– *¡Hola! Soy tu bien amado, tu ángel guardián, tu yo superior, tu Dios, soy tú y soy Yo, somos uno solo y estoy en ti y estás en Mí; juntos somos una partícula de perfección perteneciente a la gran corriente universal, todopoderosa y eterna. Estoy aquí para guiarte.*

PARTE III

DIALOGOS

Podía leer mis pensamientos. Parecía que todo lo que soy, lo que había logrado o dañado Él ya lo sabía. Me hallaba totalmente desnudo y descubierto, tal como era; sin embargo, Él no me juzgaba y su mirada, por el contrario, era de compasión, aceptación y comprensión. Después de mucho cavilar, prisionero de dudas y miedos, decidí hablar con Dios, hasta entonces Él había respetado mi silencio. Y dije:

– *¡Hola! Qué raro querer hablar contigo, siento que me hablo a mí mismo o a una parte mía más perfecta. En verdad ¿Quién eres tú?*

– *Digamos que para efectos de esta etapa de tu existencia, soy tu bien amado. Y me denomino así porque eso es lo que has hecho por mí, bien amarme; soy esa parte tuya que deseabas ser, ahora comprenderás, que ya eres y sólo necesitas reconocer.*

Pregunté: *¿Dónde has estado durante todo este tiempo?*

– *En ti, o mejor dicho, tú estás en mí y Yo en el todo.*

– *¿En mí, en ti, en el todo?*

— Soy tu observador y por tanto eres mi observado, en esencia somos uno. Es éste el momento de tomar conciencia de las lecciones aprendidas. En este encuentro podrás darte cuenta de qué tanto aprendiste en la etapa que acabas de terminar, hallarás sentido a muchas de las experiencias vividas y entenderás muchas cosas. Por ahora quiero que descanses, que te prepares para recibir unas cuantas lecciones que te habías propuesto aprender y que evalúes qué tanto lograste.

Entré en un sueño profundo y fue como estar vivo de nuevo. Yo era el observado y al mismo tiempo el observador. Bastaba pensar en algo para estar allí o, en alguien para verle compartir conmigo esta experiencia. Pensé en mi esposa y la vi en dos planos diferentes. En uno aparecía de luto, algo pálida y desilusionada; en el otro, un mundo paralelo, al hablar parecía que tuviéramos el poder de comunicarnos por medio de los sueños. Lo mismo ocurrió con mis hijos y algunos amigos. Jugué con ese poder por un rato, hasta que, fruto de la rutina, dejó de agradarme ese estilo de diversión. Ya sabía que los muertos y los vivos comparten cuando se sueñan mutuamente, lo que, en tan poco tiempo, me producía gran alegría; podía decirles tantas cosas; estar con ellos, compartir y reconquistar el pasado.

Aunque el tiempo discurría diferente al experimentado en tercera dimensión, estoy seguro que disfruté mucho tiempo con esta vivencia.

Sentí un fresco viento que recorría mi cuerpo, un aroma extraño que reconocí sagrado; abrí los ojos y de nuevo estaba frente a Dios. Esta vez pude ver algo más que su presencia, un nivel de vibración donde la vida se convierte en un verdadero paraíso. Podía ver el paisaje. En el fondo, a lo lejos, un gran arco iris y jardines multicolores de bellísimas flores. Era agradable la temperatura del ambiente y el sol alumbraba con su luz perfecta. ¡Ah, qué bueno! Al menos sabía que este lugar estaba majestuosamente cuidado para que, cuando llegáramos a él, tuviéramos un sitio confortable donde despertar en este tan inesperado cambio.

Noté, aunque mucho tiempo después, que cada experiencia me deleitaba en forma tal que superaba los límites del tiempo y el espacio, me conectaba con la eternidad.

Levanté los ojos y vi que Dios me miraba fijamente. Me observaba con un gesto que me brindaba seguridad y tranquilidad. Dos emociones inusuales, sobre todo si se piensa en todo el tiempo de la vida que se perdió y en la inminencia de la rendición de cuentas. Me miró otra vez con esa ternura, compasión y piedad que confirmaba mi presencia frente a alguien santo. ¡Cuánto deseé que hablara! Realmente lo hacía poco, cada palabra pronunciada poseía un sentido exacto. Recuerdo perfectamente su única pregunta:

– *¿Estás listo?*

Quise responder ¿Listo para qué? Sólo asentí con la cabeza.

Fui llevado, no sé cómo, a un maravilloso lugar habitado por sorprendentes seres de luz que jugaban y bromeaban acerca de los mortales. Reconocí muchos líderes espirituales y creadores de diferentes religiones. Sentí deseos de protestar contra el desagradable contraste entre el mundo de la tercera dimensión donde las gentes buscan a

Dios de múltiples maneras y en algunos casos permanecen confundidas y defienden sus creencias como únicas y verdaderas, y en este mundo donde todos estaban unidos. Lo sentí como una burla a la humanidad. Católicos, cristianos, testigos de Jehová, musulmanas, chiitas, budistas, judíos y tantos otros hombres agrupados en múltiples religiones, que apegados a sus creencias van por la vida tratando de enseñar su verdad como el único camino de salvación, en muchos casos sembrando enemistades y guerras, conflictos y matanzas. Allí, sin problema, estaban ellos, los líderes, como grandes amigos que comparten, mientras sus seguidores desperdician sus vidas en la conquista de seguidores para ellos y en la prédica por doquier. Como siempre me ocurría cuando estaba en desacuerdo con algo o alguien, mi sangre hervía y mi rostro reflejaba inconformismo ante, supuestamente, tanta hipocresía. Uno de estos seres rió y en voz alta exclamó:

– *Otro sorprendido que nos culpa de la separación causada por los fanáticos religiosos de la humanidad. Ninguno de nosotros ha creado ninguna religión* –dijo mirándome fijamente a los ojos–; *todas fueron creadas por nuestros seguidores quienes, olvidando la esencia de nuestras enseñanzas, cayeron en el orgullo espiritual, tal vez uno de los pecados más grandes, y decidieron elegirse como poseedores de la verdad. No inspiramos religiones sino personas de corazón limpio y puro, para que sean canales de luz más allá de la religión que profesen. Es más, si lo deseas, podrás descubrir que nuestras enseñanzas siempre han sido las mismas, dichas de manera diferente y encajadas en el contexto histórico particular de cada generación. Aunque cada uno de nosotros haya elegido un tiempo diferente, el mensaje siempre fue y es el mismo. Dios es amor. Aprender a amar es aprender a manifestar la gloria de Dios. Todo lo contrario al amor debe ser sanado. El poder está en ti y podrás despertarlo con amor. Es más, cambia el nombre que cada religión asigna a Dios por la palabra Amor y comprenderás que en esencia todas las religiones dicen lo mismo. Religión viene de la palabra latina religare que significa unión, y lo único que une el mundo es el amor; el ego desbordado de unos cuantos y las ambiciones de poder de otros más, están creando separación y confusión en la Tierra.*

"Bienaventurado aquel que se une por medio del amor con sus hermanos y logra superar la necesidad de convencer o ser convencido, porque él será elegido como canal de luz".

Después todo fue silencio. Entré en una profunda reflexión. Hice conciencia del significado de la lección; había recibido una de las más importantes enseñanzas y revelaciones que hasta ese momento hubiese tenido.

Me senté en una cómoda silla. Al frente de mí había una gran pantalla donde se proyectaría una gran premier, la película de mi vida. Proyección en la que asistía el protagonista mismo para realizar un análisis de cada detalle; no desde su ego sino desde su propia luz. Me sumergí en ella y vi desde el primer día de mi existencia cuando mi padre y mi madre me concibieron, la etapa fetal en el vientre de mi madre, el nacimiento, mi infancia, hasta aquel último día en que me dispuse a dormir la siesta de la una y quince de la tarde. Esta sensación es indescriptible; con un nudo en la garganta, preso del miedo, sudoroso y con mariposas revoloteando dentro de mi estómago, al mismo tiempo surgieron desde mí el entendimiento, la comprensión y la aceptación.

Recuerdo que empecé a encontrar congruencia, lógica y simetría entre causas y efectos en cada uno de los acontecimientos ocurridos en mi vida, todos eran perfectos, y encajaban a las mil maravillas el porqué y el para qué de cada experiencia y de cada persona que conocía.

Me di cuenta que en algunas ocasiones de mi vida dejé pasar momentos importantes y personas claves que tenían grandes enseñanzas para mí, útiles para poder soportar experiencias futuras. Por haber limitado ese aprendizaje me tocó recorrer duros caminos, algo así como participar en una competencia sin preparación previa. Reconocí también que cada experiencia contenía en sí misma una lección o enseñanza; que cuando las lecciones no son aprendidas, las experiencias continúan repitiéndose como si el universo no tuviese prisa en mi aprendizaje y lo único importante fuera que la lección quedara aprendida. Sí, algunas experiencias se repetían varias veces, yo, en lugar de aprender lo que estaba a mí alcance, recurría a una de mis frases favoritas: ¿Por qué otra vez, Dios mío, y por qué a mí? También creía que se trataba de un castigo; allí sentado en esa silla reconocía que así no era. Tal vez la pregunta correcta era: ¿Qué necesito aprender de esta experiencia? Porque una vez aprendida la lección, las experiencias cambian.

También me percaté que la mayor parte de la vida se va en repeticiones y pensé que es una gran falta de creatividad. Ahora comprendía el porqué de la existencia de tantos predicadores y adivinos del futuro. Podía predecir tan fácilmente el pensamiento y la reacción que tendría en la próxima experiencia que sentí pena de mí mismo. Así, con comprensión y mucha claridad observé el paso de toda mi vida, el incumplimiento de mis promesas y su desvanecimiento, también las disculpas perfectas. Comprendí que en muchos momentos surgió desde mí una fuerza extraña que me invitaba a tomar el camino correcto y, sin embargo, a pesar que mi corazón lo reconocía claramente, mis decisiones no tuvieron la fuerza necesaria para permitirme elegir el cambio e ir por lo que yo quería.

Fue triste evocar aquella tarde tan lejana, cuando me recosté en el sofá después del almuerzo para disfrutar del tan anhelado sueño de la siesta, sin la más leve sospecha que de allí no me levantaría jamás para continuar con mi historia.

Me pregunté a cuántas personas les habría ocurrido lo mismo que a mí en este mismo momento, o en este día y en qué lugares. Pensé que realmente muy pocas personas se preparan para morir, y muchas van por el mundo malgastando su tiempo y muriendo en vida. Reflexioné seguramente en alguna parte y en este preciso momento, a alguien se le agotaba su tiempo de vida, la muerte le llegaba por sorpresa, en el momento menos esperado, menos deseado. Luego caí en un profundo silencio, esta vez lleno de tristeza, melancolía y añoranza de no sé qué de mi pasado.

Perdí conciencia del tiempo que había transcurrido; otra vez sentía la presencia de Dios que me mostraba la necesidad de ingresar a unos claustros donde se nos revelarían cuarenta y ocho runas, cada uno de los cuales brindaba una lección que yo debía haber aprendido en vida. Lo que haríamos era muy simple: ingresar a cada claustro, leer las runas o enseñanzas y examinar mi pasado, ese que tuve la oportunidad de vivir en tercera dimensión y de revivir cuando me hallaba viendo la película de mi propia vida. Supe que al final de cada runa encontraría un ejercicio que de haberlo realizado en tercera dimensión significaba que había aprendido dichas enseñanzas. Sabría qué tanto aprendí realmente, lo cual se reflejaría en los resultados obtenidos en aquella existencia.

Si lo hubiera sabido antes me habría empeñado en que cada día contara; seguramente concentrado sólo en los resultados exitosos que deseaba obtener; las disculpas habrían quedado eliminadas de mi corazón.

Rendido a la voluntad de mi ser interno, me preparé para ingresar a ese lugar donde, sin duda alguna, de una manera honesta sabría y entendería la razón de muchas cosas. Entre tantas muchas inquietudes, me preguntaba por qué me tocó vivir esa vida, por qué esa forma de morir, por qué tantas dificultades para obtener lo que quería, por qué mis padres, por qué mi deseo de aprender ciertas cosa y no otras, etc. Pasar por ese sitio me daría mucha claridad y entendimiento, así que la hora había llegado.

PARTE IV

CONOCIMIENTO

"Me interesa conocer los pensamientos de Dios, el resto son detalles".
Albert Einstein

Para describir este nuevo e inefable lugar donde las enseñanzas me serían dadas, cualquier palabra sería burda, lo único que se me ocurre es definirlo con la palabra perfección. Los sonidos, la luz, el ambiente, la temperatura, los olores, el paisaje, todo era sinónimo de perfección.

En la puerta del primer claustro vi un letrero que iluminaba la entrada, arriba, centrado, en letras mayúsculas y doradas, que parecían grabadas en oro, decía:

RUNA 1
DIOS

- Dios es todo, ilimitado e infinito, sin principio ni fin.
    Omnipresente porque está en todas partes.
    Omnisapiente porque todo lo sabe.
    Omnipotente porque todo lo puede.
- Tú estás en Dios; por lo tanto es impreciso considerar que Dios está en ti.
- Jamás podrás separarte de Dios, porque Él es todo y tú eres parte de ese todo. Hagas lo que hagas es imposible que te separes de Dios.
- Eres una criatura espiritual con vivencias y experiencias materiales.
- Al ser Dios el todo, nada hay fuera de Él; luego, el demonio es esa parte humana que te conduce a resultados no deseados.
- Fuiste creado a imagen y semejanza de Dios, luego Tú eres poderoso, ilimitado y sabio. Cada uno de tus átomos pertenece a Dios y cada átomo de Dios te pertenece. Tú eres uno con todo cuanto existe; lo que te limita es la ignorancia, esa que te impide reconocer tu propia divinidad.
- El todo se rige por unas leyes inmutables que funcionan, las conozcas o no, y la felicidad del ser humano está directamente relacionada con el conocimiento y alineación con dichas leyes.
- Tú y cualquier otra persona son iguales; la única diferencia entre tú y ella son los resultados; si lo desean, pueden obtener los mismos resultados.

- Lo bueno y lo malo es relativo a los ojos de quien contempla. Los seres humanos no ven el mundo como es, sino como ellos son.
- Como Dios es todo y tú estás en Dios, en todo tu ser habitan la verdad, la mentira, la bondad, la maldad, la justicia, la injusticia. Todos los opuestos habitan en ti y tú eliges vivir en la luz o en tu propia oscuridad.
- En esencia, todos los átomos de la naturaleza son iguales y sólo cambia la distancia entre ellos y la velocidad a la que se mueven; por tanto, todos los seres animados o inanimados tienen la misma esencia, no importa a qué reino pertenezcan.
- Los límites no existen, te los impones tú mismo y provienen de ignorar lo que en verdad eres: un ser ilimitado, lleno de poder, sabiduría y amor.
- Para ti todo es posible, incluso llegar a ser lo que hoy aún no eres.

TÚ Y DIOS CONSTITUYEN UNA UNIDAD. POR TANTO, RECONOCE TU DIVINIDAD.

EJERCICIO PARA CONFIRMAR TU APRENDIZAJE:

- ❖ Busca el rostro de Dios en cada persona.

- ❖ Invoca a Dios cuando tengas dudas para obtener la guía correcta. La forma de hacerlo es simplemente llamarlo desde tu corazón para que sólo el bien mayor reine en tu vida.

- ❖ Siente continuamente tu unión con Él y reconoce que es imposible separarte de Él, independientemente de lo que hagas o el lugar donde estés.

Al reflexionar sobre este ejercicio me di cuenta que aunque parecía bastante sencillo no fue un ejercicio que practicara constantemente.

A pesar de la lógica y sencillez de las frases que había leído en la runa, me resistía a creer que todo fuera así. Sin embargo, cada vez que las releía les encontraba un nuevo sentido y lograba una mayor aceptación. Al aceptarlas, reconocía que hasta ese momento de mi vida había estado equivocado. Repasé todas mis creencias sobre Dios. Desde niño me inculcaron el temor a Dios, la imagen de un Dios castigador que me sometía a pruebas y que sólo existía en lo bueno, ya que en lo malo vivía Satanás y Dios se apartaba de él y de aquel que actuara mal. Y, ahora, resulta que es imposible apartarnos de Dios porque Él es el todo. Haga lo que haga, esté donde esté, siempre estoy en Dios. Esta separación, que es mental o imaginaria, es la causa de tantos problemas, de las guerras, del sufrimiento, la enfermedad y escasez. Es el momento de reconocer la verdad, no en vano hace mucho se nos dijo: "La verdad os hará libre".

Me llamó fuertemente la atención, al comprender y aceptar que todo ese poder siempre estuvo en mí, que debido a mi ignorancia, hasta ese momento no lo había reconocido ni utilizado.

Varias preguntas brotaron de mi corazón y quise encontrarme de nuevo con mi Ángel Guardián, con esa parte de Dios que me pertenece, me guía y a la cual pertenezco. Esperaba me diera muchas respuestas, aunque en ese momento me hallaba solo, como en una introspección, con la conciencia clara y lúcida sobre muchas cosas.

¿Este lugar sería acaso lo que llaman el paraíso? Era dulce melodía el ulular del viento y perfecta la temperatura.

A lo lejos divisé la majestuosidad de un jardín multicolor y allí estaba Él. Ya no sabía si decirle Dios o Ángel de la Guarda. No encontraba palabra para nombrarlo.

– *¿Qué has aprendido?* –me preguntó.

– *Debo confesar que estoy confundido. Si Dios es todo, ¿quién eres tú? Muchas personas esperan morir para encontrarse con su Creador y todos los sacrificios que hacen en vida no tienen sentido, bastaría con ir y hacer lo que se nos antojara sin sopesar las consecuencias.*

Más que en el tiempo, nos desplazamos en el espacio a mundos paralelos, a ese lugar inicial donde regresamos una vez nos llega la muerte. Contemplé a los recién llegados, los que, acababan de morir. Me sorprendió ver que a cada uno se le aparecía su Ángel Guardián, su Dios en diferentes formas. No todos veían en Él su propia imagen; algunos veían a Jesús el Cristo, otros a Buda, a Mahoma, a Krishna, o a la Virgen María; otros veían imágenes que no supe reconocer, sé que representaban algo sagrado; otros veían una luz celestial multicolor. Dios dijo:

– *Así como una gota de mar contiene todos los elementos del mar sin ser el mar, así tú contienes la totalidad de mi esencia sin que seas Dios. Así como las gotas se unen para formar el gran océano, cuando tú amas y te haces uno con el todo, eres Dios.*

Le pregunté: – *¿Quién eres tú y por qué asumes esa forma y no otra?*

– *Soy tú y asumo la forma que tu intelecto me da, igual que asumo la imagen que tiene cada una de las personas que observaste hace un momento. Quienes no proyectan una forma preconcebida ven la luz, porque en esencia somos luz.*

—¿Por qué, si somos uno, esperaste hasta este momento para hablarme?

—*Desde siempre, en todos los tiempos, te he hablado en muchas lenguas y de múltiples maneras. Unas veces fui para ti la voz de tu conciencia; otras, intuición o sentido común. Muchas veces que me comuniqué contigo por medio de señales o coincidencias, te negaste a escucharme y a confiar en mí.*

De nuevo silencio e introspección. Dentro de mí, la voz de la conciencia, el Ángel Sagrado me manifestó que, por el momento, esta información era suficiente y que era hora de continuar el camino.

Algo en mí sabía que después entraríamos en el tema del hacer y deshacer; así que emprendí camino y más adelante pude ver el segundo claustro y su título reluciente en la puerta.

RUNA 2
PROPÓSITO Y SUEÑOS

- Todo ser humano nace con un propósito alojado en su corazón; el sentido de la vida está en descubrirlo y ponerlo al servicio de la humanidad.
- Tu historia personal está escrita en el libro de la vida; tuviste un tiempo de vida para recorrer el camino de tu propia historia, está concebida para acercarte cada vez más a tu divinidad.
- Cuando la persona no encuentra el propósito de su vida la tendencia es a vivir en el vicio.
- Cuando estás en propósito, en tu vida hay plenitud y felicidad. Cuando te hallas atrapado en la esclavitud de los vicios creas falsos instantes de éxtasis que traen consigo, irremediablemente, situaciones de tristeza, soledad y depresión.
- Lo importante en el camino de la vida es la persona en la que te conviertes cuando recorres el camino en busca de la realización de tus sueños.
- Un ser es sólo tan grande como los sueños que se atreve a vivir.
- En la conquista de un nuevo sueño tu propio ser requiere de nuevas cualidades. Si te conviertes en una persona merecedora de ese sueño desaparecerán tus límites.
- Vivir en propósito o en el vicio constituye el dilema de cada instante. El propósito te mantiene vivo, te da ilusión y esperanza. El vicio te atrapa y te conduce a la muerte.

- Si te concentras en tus sueños y buscas fuerza interna, en tu mundo todo será posible.
- Los sueños del corazón son para el bien mayor y los más altos fines; te hacen sentir unido a Dios; te unen a su poder sin límites. Los sueños del ego sólo actúan en beneficio propio; te hacen sentir separado, solo e incapaz; te hacen competitivo con los demás y te hacen olvidar que el único ser con el que necesitas competir es contigo mismo.
- Soñar es una de las claves de la felicidad, los sueños son el elíxir de la eterna juventud.
- Quien te da esperanza te da vida; quien te roba tus sueños o destruye tus ideas te aniquila; por tanto, elige con quién relacionarte.
- Sólo cuando se deja de soñar se empieza a envejecer y a morir. Los grandes soñadores de todos los tiempos hoy están más vivos que entonces.
- Todo sueño que surge de tu corazón ha sido colocado allí por Dios, porque sabe de tu poder para materializarlo.
- No pases por alto ningún sueño. Los sueños constituyen la mejor oportunidad para descubrir tu poder sin límites.
- Un hombre que sueña dormido es inofensivo; el que sueña despierto es poderoso, sus sueños pueden ser una maldición o una bendición; pueden significar la destrucción o la construcción de un mundo mejor.
- Más importante que soñar en grande es por cuánto tiempo tienes el valor de soñar en grande.
- Ejerce tus dones, ellos constituyen el medio que Dios te ha brindado para que sirvas a tus semejantes. Sigue los sueños de tu corazón y descubrirás el sentido de tu vida.
- A sueños grandes, acciones grandes; a sueños pequeños, acciones pequeñas. Sueños sin acción son sólo ilusión.

- Sueña con lo imposible y lo posible fácilmente se hará realidad.
- La historia de la humanidad sólo recuerda a los grandes soñadores que se elevaron por encima del paradigma de los realistas, para quienes ese sueño era imposible.
- ¿Soñador o realista? Tú eliges: como soñador eres libre e ilimitado; como realista estás atrapado en el pasado y en tus límites imaginarios.

EJERCICIO PARA CONFIRMAR TU APRENDIZAJE:

- ❖ Escribe todos tus sueños, sin juzgarlos, y léelos con frecuencia para obtener fuerza, esperanza y ganas de vivir.

- ❖ Cuenta todos tus dones; escribe una lista de ellos y determina claramente de qué forma los pondrías al servicio de la humanidad.

- ❖ Pon tanto tus sueños como tus dones en las manos de Dios, para que todas tus creaciones sean hechas pensando siempre en el bien mayor.

Al final de este claustro relucían con más brillo las siguientes palabras:

TODO COMIENZA CON UN SUEÑO...

Y quedaron resonando en mi mente. ¿Cómo aprobar que todo comience con un sueño? ¿Acaso no se me había repetido una y otra vez: que debía ser realista? Frases como "no seas iluso", "bájate de esa nube" fueron expresadas por mis mejores amigos para evitarme un dolor o una gran desilusión. Tan pronto brotaba de mi corazón una nueva idea, surgían detractores; la mayoría de las veces las personas argüían mil razones por las cuales no funcionaría; en muy pocas ocasiones encontré a alguien que me animara y me diera ideas sobre cómo materializar ese sueño; no lo hacían por maldad sino para evitarme sufrimientos.

Si la clave de la felicidad está en soñar –es decir, tener esperanza y hallarle mayor sentido a la vida–, entonces, la pobreza, sufrimiento y violencia en la Tierra se producen en razón que los soñadores se están acabando. Luego, se requiere con urgencia que más personas asuman esta tarea y se conviertan en ángeles de esperanza, creadores y motivadores de sueños.

Debería considerarse un grave delito que alguien se atreva a matar un sueño; implica destruir el verdadero sentido de la vida: el reencuentro con nuestro propio poder.

Mientras realizaba este análisis vinieron a mi memoria momentos pasados en los que yo mismo había menospreciado mi capacidad o me decía que algo no era posible; peor aún, debido a mi terrible ignorancia muchas veces me atreví a decirle a otra persona lo que era o no posible para ella. Si hubiese tenido más información habría dedicado mi vida a inspirar a otros, a animarles a defender cada uno de sus sueños y a concentrarse en realizarlos. Con seguridad esto era lo que pretendía Walt Disney cuando decía: "Cuidado con los envenenadores de pozos, aquellas personas que van por el mundo diciéndole a cada nueva idea que no es posible", a lo que agregaría: porque son los causantes de la infelicidad en la tierra.

La vida es un cúmulo de sueños por realizar. Desde el nacimiento y durante la infancia soñamos innumerables cosas sin imponernos límites, hasta que los adultos realistas nos enmarcan en lo que, según ellos, es o no posible. Los niños son soñadores por naturaleza, razón por la cual son seres felices. Todos nacemos con nuestro equipaje listo para ser felices y disfrutar la vida mientras descubrimos nuestro poder ilimitado y reconocemos nuestra unión con Dios. Ahora comprendo mejor la parábola de los talentos.

¿Y si la vida fuese como una gran orquesta que debe tocar una gran sinfonía y simplemente por no haber tocado mi instrumento como debía, les quité a los demás la posibilidad de disfrutar de la melodía completa? Mi apresurada reflexión fue: quien no encuentra su propósito para ponerlo al servicio de la humanidad está robando a los demás. Concluí que encontrar el propósito de la vida es tan simple como cerrar los ojos, concentrar la atención en los latidos del corazón y pedir orientación, con la certeza que de ahí proviene la más auténtica verdad; Shakespeare decía: "Ve a tu interior; llama allí y pregunta a tu corazón lo que no sabes". Me preguntaba cuál sería el propósito de mi vida.

Mi instructor de crecimiento humano y desarrollo espiritual decía: "En el corazón están todas nuestras respuestas; sin embargo, poca gente busca las respuestas dentro de su corazón. Requerimos regresar al corazón una y otra vez, lo que proviene de allí, viene de Dios y Dios tiene las mejores respuestas para cada uno de nosotros".

Me acosó un punzante sentimiento: "Si lo hubiera hecho", comprendí que sólo podía aspirar a aprender estas lecciones que, como siempre, sentía llegaban tarde a mi vida. Un cálido viento que soplaba hacia mí me sacó de aquella introspección y reconocí la presencia de mi parte sagrada.

– *Debes advertir lo más importante del mensaje: los sueños son los deseos que Dios alberga para ti y materializarlos es hacer la Voluntad Divina. ¡Ah!, todos los sueños son sagrados sin importar lo absurdo o imposible que parezcan. Y no te preocupes que quedara grabado en tu memoria para la eternidad; si volvieras a nacer, como muchos, serías un gran soñador capaz de transformar la historia de la humanidad.*

– *"Si volviera a nacer" es tan absurdo como si me dijeras "si te volvieras a acostar y soñaras con lo mismo, no olvides..." Ya para qué discurrir en si hubiera, si fuera... Lo que ocurrió en el pasado ya pasó y, en caso de tener la oportunidad, de él sólo podemos aprender para no repetir lo que no nos gusta.*

– *Ahora entiendes que todo en la Tierra tiene un propósito y que la vida de quienes no determinan el suyo carece de sentido. Es como si salieras de viaje y de repente padecieras una amnesia y se te olvidara para dónde vas y de dónde vienes; y así, fueras hacia el sur, después al oeste, al este y al norte y seguir andando sin saber por qué ni para qué; lo único que le daría un sentido a ese momento sería una emoción o algo que excitara tu vida. De igual manera, las personas que no han encontrado el sentido de su propia existencia caen en los vicios como resultado de la desorientación o para salir de la monotonía de sus días. Sin embargo, los seres humanos llevan en su corazón un propósito para mejorar el mundo: encontrarlo es la causa primera de la existencia y ponerlo al servicio de la humanidad es el sentido de la vida. Muchas veces las personas van tan perdidas en la vida que necesitan una sacudida para orientarse, en algunos casos crean accidentes, sin comprender que el propósito de la vida está escondido en sus sueños, tan cerca que no lo ven. Para verlo es necesario entrar dentro de ti, a la luz de tu corazón, Jesús el Cristo se refería cuando decía "Yo soy el camino hacia la verdad y la vida". Las palabras YO SOY son una clave utilizada desde siempre para manifestar la luz que todos llevan dentro y conectarse con su poder sin límites, es decir, para conectarnos tú y Yo, y ser uno en la luz.*

– Si a simple vista elegir entre vivir en propósito o en vicio es tan fácil ¿por qué tanta gente se ve atrapada en la ilusión de algún vicio como el alcohol, la droga, la comida, el sexo, la televisión y hasta el trabajo para huir de sí mismos? Debo suponer que estar en propósito es amar lo que se hace, pero eso no es lo común; pensándolo bien creo que hay muchas personas que viven más en vicio que en propósito.

– Muchos dejan de creer en sus sueños y de buscar guía interna. En algunos casos, cuando por medio de una religión o experiencia fortuita se vuelve a experimentar la unión con Dios, el sentido de la vida para muchos reaparece y los hace convertirse en seres que profesan sus creencias a través de sus religiones y llegan a creer que ése es el único camino existente y válido. En muchos casos se convierten en fanáticos que aman un Dios carente de creatividad para guiar a sus hijos hacia su propia historia personal. Ahora tú mismo puedes encontrar la razón principal de tanta gente que vive en vicio y su separación inexistente de Dios.

Me sumí en un profundo silencio, en una gran reflexión; sólo percibía el murmullo del viento y los matices de aquel bello lugar. Me sentía conectado con la nada y sentía que estos momentos me inundaban de eternidad. Lamentablemente, esto me producía emociones contradictorias; agradecimiento por entender tantas cosas y al mismo tiempo frustración de imaginar lo diferente que habría sido mi vida si hubiera recibido antes esta información. Me sentía como si alguien me examinara o evaluara por algo que no me había enseñado, y me parecía injusto que primero se realizara el examen y después el aprendizaje. Estaba confundido, sin embargo intuía que pronto se me aclararía esa duda; caminé en silencio, viviendo la experiencia de ser parte del todo.

A lo lejos divisé lo que supuse era el siguiente tema de aprendizaje.

RUNA 3
LA LEY DEL RANG:
TODO ES POSIBLE

- Todo es posible. La mayoría de las cosas que hoy son posibles ayer eran sólo una ilusión muy lejana de la realidad.
- Los límites sólo existen para aquellos que los aceptan. El ser humano determina los parámetros de lo posible o lo imposible. El aporte a la humanidad de quienes han hecho historia es haber ampliado los límites de lo posible, haber hecho algo en su época que para los demás era imposible.
- Tanto si crees que puedes como si crees que no puedes, tienes razón.
- La fe y el temor son certezas en diferentes polaridades; ambas tienden a materializarse.
- La certeza de algo permite que sea posible.
- Los límites son autoimpuestos, rómpelos y harás historia.
- Cada persona determina el tiempo para hacer algo posible; puede ser ya o en un siglo.
- La duda surge de la falta de información correcta y termina por destruir tus creaciones.
- Elimina la palabra imposible de tu vocabulario; sólo di: por ahora no sé cómo hacerlo.
- Tú eliges si obtienes información, conocimiento, sabiduría y certeza o si vives en la desinformación, desconocimiento, insensatez y duda.

- Decide con quién relacionarte: con los magos de lo posible, que se saben ilimitados y buscan en Dios la fuente de poder y sabiduría suprema. O con quienes creen que toda nueva idea es imposible y te crean límites.
- En Dios todo es posible para todos, y en Él los límites no existen. En el ego estás limitado y eso te hace competir contra los demás, pensando siempre en vencer o ser vencido, en que unos ganen y otros pierdan.
- Las creencias marcan las diferencias que te hacen elegir entre "el reino o un plato de lentejas".

EJERCICIO PARA CONFIRMAR TU APRENDIZAJE:

> ❖ Elimina de tu vocabulario las frases "no puedo", "imposible", o "no sé" y remplazarlas por otras que manifiesten la relatividad del momento como "por ahora no sé cómo hacerlo", "en este instante no tengo la información completa para ejecutarlo", "por ahora no puedo llevarlo a cabo", o "en este momento me es poco probable realizarlo".

Una gran carcajada estalló en mi garganta, olvidando que estaba en un lugar sagrado y que otras personas se hallaban allí aprendiendo junto a mí; no me importó. Pensé que como este mundo era perfecto, tal vez nadie me habría escuchado, aunque en este lugar mi voz desencadenaba una resonancia que perfectamente podría compararse con la de un salón de efectos especiales como los utilizados en Hollywood. ¿El reino o un plato de lentejas? Me reía de mí mismo, por haber cometido un error tan elemental y no haber comprendido la profundidad de esta afirmación tan lógica. Por falta de certeza o creencias erróneas, en vida mi ego se ufanaba de lo que yo era capaz de hacer o tener y mi autoestima se quebrantaba cada vez que en soledad observaba mis resultados. ¡Qué lástima! Ahora todo parece tan simple, y pensar que en aquel tiempo preferí inconscientemente el plato de lentejas al reino que por herencia divina me pertenece.

La frase "todo es posible" retumbaba en mi cabeza una y otra vez, como un zumbido, sobre todo porque me parecía tan fácil pronunciarla pero tan difícil vivirla. Ahora resulta que los límites son autoimpuestos y que todo obedece a la certeza. Según estas enseñanzas de mi Yo sagrado la duda, inseparable compañera, que en vida me hizo un realista se convertía en un fantasma al que simplemente nunca debí darle espacio.

– Muchas veces cuando dudé de algo, después me di cuenta que no me convenía; luego, la duda no siempre es negativa. –Le refuté–, me sentía seguro; no era como Él decía.

Mi parte santa que todo lo sabe sonrió sin juicio, pletórico de comprensión, aceptación, paciencia y gozo por mí, parecía que se deleitaba con mi inconformismo. Intuí que éste era un proceso natural de aprendizaje y su sonrisa una confirmación, yo estaba descubriendo algo importante y aunque no entendía mucho su actitud, me gustaba y me permitía ser auténtico.

– Es fácil confundir duda y discernimiento, pero son diferentes. Dudas de algo por carencia de información o por miedo a las consecuencias en el futuro; y disciernes cuando teniendo la información eliges la mejor opción para ti. Intuyes cuál es la elección correcta cuando estás dispuesto a

escuchar esa parte tuya que todo lo sabe; otras veces puedes sentir una corazonada o un presentimiento que te indican el camino adecuado. En el presentimiento, más que duda, hay certeza de cuál es el camino correcto porque la información que proviene de tu corazón tiene que ver con tu plan divino.

— ¿Y cómo sé que no es una afirmación del ego sostener que todo lo puedo?

— Muy simple; si dices: "Todo lo puedo en Dios que me fortalece" tus creaciones se materializarán sin orgullo, desprecio u otras emociones negativas; en cambio, cuando vienen del ego sientes que necesitas luchar y competir y estas conquistas están llenas de tropiezos y dificultades.

Qué sentido tenía preguntar si para todo existía una respuesta tan obvia que me sentía torpe por no haberla comprendido antes.

Extasiarme en todos esos cuestionamientos me daba una sensación de plenitud y por momentos pensaba que estaba vivo, es decir, que continuaba en la que anteriormente llamaba vida, sabía que en este episodio de mi existencia me sentía más consciente que nunca.

Empecé a vagar en el infinito, viviendo una sensación de libertad y comprensión como jamás había tenido. Todo era viejo en mi memoria, en sí la experiencia era lo bastante nueva como para declararla única. Sentía ganas de reír, gritar, correr, llorar, saltar, en fin, muchas emociones simultáneas y antagónicas. Vivía en el tiempo perfecto; yo escogía los momentos y parecían los apropiados, así como mis decisiones parecían sincronizadas con el universo, o tal vez el universo estaba sincronizado y yo en él.

RUNA 4
EL PODER DEL PENSAMIENTO

- La mente es poderosa.
- Tú eres el resultado de tus pensamientos dominantes.
- Pensar es crear.
- Tus pensamientos provienen de la información que recibes y la información la captas constantemente por medio de tus cinco sentidos.
- Controla la información que recibes y controlarás tus pensamientos.
- Controla tus pensamientos y controlarás tu destino.
- Tú haces de tu mundo un paraíso o un infierno; todo depende de qué tipo de pensamiento mantengas en tu mente.
- Con ser responsable del pensamiento que tienes en tu mente estás siendo responsable con tu destino.
- No menosprecies el poder de cada pensamiento. Confirma que lo piensas es exactamente lo que deseas en la vida. Concéntrate sólo en lo que deseas en tu vida, y lo que no deseas desaparecerá de tu realidad
- Cuando estés imaginando, es decir cuando estés creando, ponle mucha atención a los colores, el brillo, el tamaño, la textura, los sonidos, el volumen, la temperatura, la distancia y demás detalles de la imagen, recordando que tus sentimientos de plenitud, confianza, felicidad y seguridad son garantía de estar creando correctamente. No menosprecies los detalles; en ellos está la gran diferencia.

- La información que recibes te da conocimiento que genera tus creencias; tus creencias generan tu actitud; tu actitud condiciona tus acciones; tus acciones repetidas generan tus hábitos y éstos te llevan a los resultados que tienes en la vida.
- La ruta de toda creación humana es determinar claramente lo que se quiere, definido en presente «tiempo eterno», y percibir sólo información que te dé el conocimiento necesario y te lleve a admitir que eso es posible.
- Tu mente capta constantemente a través de lo que ves, escuchas, tocas, saboreas y hueles y con esta información creas tus convicciones que condicionan tu actitud y te invitan a determinadas acciones; la repetición de éstas crea tus hábitos y obtienes tus resultados.
- La mente consciente está diseñada para determinar claramente tus objetivos. La mente inconsciente está diseñada para generar la estrategia de cómo conseguir esos objetivos, y tu mente subconsciente tiene grabados los límites que tú has creado.
- Tu misión es definir claramente el resultado exitoso de todo lo que quieres.
- Imagina clara y constantemente el resultado exitoso de lo que quieres e incondicionalmente el universo te apoyará para que se te haga realidad.

EJERCICIO PARA CONFIRMAR TU APRENDIZAJE:

❖ Visualiza diariamente aquello que deseas obtener en la vida; visualiza sólo el resultado exitoso y, para conseguirlo, confía tu proceso a la naturaleza.

❖ Reconoce que cuando se tiene claro lo que se quiere, el universo se encarga de los detalles.

❖ Vive los sentimientos propios e inherentes a la obtención de lo que se desea, tales como seguridad, alegría, plenitud, entusiasmo o confianza, y mantén en secreto todas tus creaciones, aun después de su materialización, para evitar el orgullo espiritual.

En vida, durante mucho tiempo había estudiado este tema. Conocía su significado y, aunque no tenía los resultados que me hubiera gustado, me quedaba claro que éstos los había creado por medio de mis pensamientos.

Alguna vez un instructor de autoconocimiento comentaba que la mente permanecía en una dimensión eterna –tal como lo corroboraba mi vivencia–, y significa que mucho antes de nacer ya la poseíamos y que después de morir continuaremos con ella. Decía que el cerebro está constituido por dos hemisferios, cada uno con funciones opuestas y a su vez complementarias. El hemisferio cerebral izquierdo controla la parte derecha del cuerpo y entre sus funciones están los objetivos y metas. El hemisferio cerebral derecho controla la parte izquierda, la parte femenina, nuestra creatividad. También supe que tenemos dos tipos de neuronas, llamadas enanitos por el instructor, de las cuales unas archivan todo lo que recibimos a través de nuestros cinco sentidos, y otras ejecutan lo que esos enanitos archivadores guardan. Por esto reclamaba con insistencia toda nuestra atención en lo que escuchábamos, leíamos o veíamos; nos invitaba a leer libros y obras inspiradoras que nos aportaran en la comprensión de nuestro propio poder para alcanzar lo que quisiéramos, llegar hasta donde nos propusiéramos y tener la calidad de vida que deseáramos.

Por otra parte, insistía que mentalmente mantuviéramos proyectada una película a color, en la que fluya todo aquello que se desea como si ya se hubiera conseguido, y afirmaba que el universo se encarga de hacer nuestros deseos realidad cuando tenemos claro lo que queremos. Decía que una característica de las personas de éxito es conocer exactamente lo que quieren y visualizar todos los días esa película en la que se sienten, escuchan y se ven como protagonistas.

Me maravillé muchas veces de cómo se hacían realidad mis deseos con la aplicación de la técnica de visualización del resultado exitoso que se quiere, no del proceso. Y mi autoestima se debilitaba al darme cuenta: lo qué me impedía obtener más éxitos era esa pereza para visualizar lo que deseaba y esa incansable excusa de dejar todo para otro día.

Pensé invocar a Dios o a mi Ángel Guardián pero me abstuve. Cada vez entendía con mayor claridad cómo las respuestas que Él me proporcionaba ya las conocía.

Así que me prometí pasar por varias runas antes de hablar con Él.

A continuación pude ver el letrero resplandeciente del siguiente claustro.

RUNA 5
EL PODER DE LA PALABRA

- En el principio era el verbo y el verbo estaba en Dios y el verbo era Dios.
- Por Él fueron hechas todas las cosas y sin Él no se ha hecho cosa alguna de cuantas han sido hechas.
- En Él estaba la vida y la vida era la luz de los hombres.
- Todo fue hecho por el verbo en los siete días de la creación y Dios dijo:
  - Haya luz y hubo luz, y llamó a la luz día y a las tinieblas noche.
  - Haya un firmamento entre las aguas que separe las unas de las otras y así fue, y llamó al firmamento cielo.
  - Reúnanse en un solo lugar las aguas que están debajo del cielo y aparezca lo árido o seco, y así se hizo. Y llamó a lo seco tierra y a las aguas reunidas las llamó mares. Produzca la tierra vegetación, plantas con semillas de especies y árboles frutales que den sobre la tierra frutos, que contengan la semilla de su especie y así fue.
  - Haya lumbreras o cuerpos luminosos en el firmamento del cielo, que separen el día de la noche, y sirvan de signos para distinguir las estaciones, los días y los años y luzcan en el firmamento del cielo para iluminar la tierra y fue hecho así.

- Produzcan las aguas reptiles animados que vivan en el agua y aves que vuelen sobre la tierra, debajo del firmamento del cielo. Dios los bendijo diciendo: creced y multiplicaos y henchid las aguas del mar y multiplíquense las aves sobre la tierra.
- Produzca la tierra animales vivientes según su especie, animales domésticos, ganados, reptiles, bestias silvestres, según su especie y así fue.
- Hagamos al hombre a imagen y semejanza nuestra, y domine a los peces del mar, y a las aves del cielo, y a las bestias, y a toda la Tierra y a todo reptil que se mueve sobre la Tierra. Y Dios los bendijo diciendo: creced y multiplicaos, y henchid la Tierra, y enseñoreaos de ella, y dominad a los peces del mar y las aves del cielo y a todos los animales que se mueven sobre la Tierra.

Bendijo el día séptimo y lo santificó; tal fue el origen del cielo y de la Tierra cuando fueron creados.

- Tus palabras tienen poder, son semillas que crean tu realidad.
- Afirma sólo lo que quieras perpetuar. Si declaras lo que no deseas, eso continuará materializándose en tu vida.
- Tú eres el profeta de tu vida, tus palabras son profecías que se materializan.
- Valora tu palabra; cumple tus compromisos y tu autoestima y tu merecimiento se incrementará.
- Las palabras son los pensamientos hechos sonidos.
- Cualquier cosa que desees crear lo puedes hacer si lo

decretas en voz alta, en presente, en primera persona y en afirmativo.
- Da gracias por aquello que estás pidiendo como si ya se te hubiese dado.
- Cielo y Tierra pasarán, mas tus palabras no pasarán.
- Utiliza sabiamente el poder de la palabra.
- Orar es hablar desde el corazón.
- Rezar es repetir una oración.
- La oración es el nivel máximo, sublime y eficaz de crear con la palabra.
- El que canta ora dos veces.
- Los mantras son palabras o frecuencias vibratorias que al repetirlas te conectan con diversos niveles de energía.
- Existen mantras que te conectan con la luz y otros con las tinieblas.
- Eres responsable por los mantras que repites, lo hagas mentalmente o en voz alta.
- Los mantras son transmitidos por el maestro al discípulo, una vez esté preparado.
- Elige recibir guía sólo de maestros cuyos resultados sean dignos de su prédica.

EJERCICIO PARA CONFIRMAR TU APRENDIZAJE:

❖ Escucha atentamente tus palabras y elige no tener la razón. Tan pronto como te salga palabras que te conduce a un resultado diferente al que deseas, di en voz alta "cancelo lo antes dicho" o "borro lo antes mencionado" con el fin de no materializar esa nueva creación.

Recuerdo que mi vida cambió drásticamente desde aquel día en que leí un libro sobre el poder del verbo. En este libro, que alguien me regaló, se afirmaba que todos los seres humanos podíamos crear lo que quisiéramos en nuestra realidad de mundo. Si dos personas repiten a primera hora de la mañana frases completamente opuestas, ejemplo: si tú dijeras: "Hoy es el mejor día de mi vida, me merezco sólo lo mejor y lo acepto ahora mismo; en mi vida todo es prosperidad"; y yo repitiera a la misma hora: "Hoy es un día aburrido, todo está costoso, nada me sale bien, el dinero no alcanza para nada", y después comparáramos resultados al final del día, deduciríamos que ambos teníamos la razón y que cada uno obtuvo los resultados correspondientes a sus propios decretos. El autor del libro nos retaba a repetir en primera persona, en afirmativo y en presente lo que deseáramos en nuestro futuro; decía que si lo hacíamos mil veces diarias durante cuarenta días, fuere el deseo que fuere, podríamos efectivamente materializarlo; nos desafiaba a no creerlo, pero sí a ponerlo en práctica y observar los resultados.

Por aquella época empecé a repetir "Yo «primera persona» soy «presente y afirmativo» un excelente locutor comercial" y, como por arte de magia, me empezaron a solicitar para la grabación de comerciales. Sí, parecería que el mago que llevaba dentro se hubiese despertado para que mis deseos se cumplieran al pie de la letra. En las mañanas, cuando me despertaba con el bolsillo vacío de dinero, repetía incansablemente "Yo estoy en conexión con la riqueza del universo, el dinero fluye para mí abundante, legal, constante y fácilmente", y de nuevo surgían propuestas de trabajo inesperadas y el dinero me llegaba con fluidez. Después me vinculé a un departamento de ventas e hice lo mismo; me repetía "Yo soy el mejor vendedor y cumplo mis presupuestos a más del 200%". Así sucedió. Gané varios premios y llegué a trabajar menos que mis compañeros, mi tiempo era más eficiente; todo confluía para el éxito del contacto comercial, la persona adecuada en el lugar apropiado y en el momento justo.

Sabía que si una persona percibe el poder de sus palabras, reconoce que todo lo que dice se cumple, vigila sus creaciones inconscientes y hace higiene verbal, su vida podría transformarse de manera increíble y sabría que él mismo es el responsable de los resultados.

Nuevamente todo me parecía fácil, entonces ¿por qué la gente no es consciente de algo tan sencillo? Reflexioné que no todos están preparados al mismo tiempo para ciertos conocimientos y que éstos, al igual que el poder y la sabiduría, los descubrimos poco a poco cuando estamos preparados para entenderlos, se logra en la medida en que vamos sanándonos desde el corazón por medio del amor.

El viento que rozaba mi rostro me permitía percibir el delicioso aroma de la naturaleza y escuchar la música más bella que jamás hubiera oído; las aves cantaban como si festejaran el solo hecho de existir. ¿Existir? Y, antes de volver a caer en mi estado de introspección, me encontré a las puertas del siguiente claustro.

RUNA 6
EL PODER DE LA ACCIÓN

- Sólo el conocimiento que se practica persiste en el espíritu.
- Las acciones repetidas crean los hábitos.
- La caminata más larga empieza con un paso.
- El verdadero poder está en los cambios microscópicos; pequeñas acciones repetidas crean el destino.
- La acción es la clave de toda realización humana.
- El fin de todo conocimiento es llevarte a la acción.
- La acción cura el miedo.
- El momento del poder es el presente; empieza a actuar ya.
- El poder está dentro de ti; entra en acción y ponlo al servicio de la humanidad.
- Una verdadera decisión está acompañada de acción.
- Si quieres resultados diferentes, haz algo diferente, si sigues haciendo lo mismo, continuarás obteniendo los mismos resultados.
- Confirma que cada acción que realices te conduce al resultado que buscas.
- Aplazar para mañana la acción es traicionar tus sueños, por ende, a ti mismo; por eso la acción es ahora mismo y no en otro momento, en este lugar y no en otro.
- La diferencia entre un soñador y un iluso está en la capacidad que tiene el primero de actuar.
- La vida es un juego donde te pones metas; los obstáculos surgen en relación directa con tu meta; cuando más grande tu meta, más grande tu obstáculo;

- o conquistas el obstáculo y triunfas, o renuncias a tu meta y fracasas. Tú eliges. Opta por la acción.
- La vida es movimiento. Cuando dejas de actuar empiezas a morir.
- Esperar a cosechar frutos diferentes a la semilla sembrada es ignorancia.
- Gana quien lo intenta hasta el final.

EJERCICIO PARA CONFIRMAR TU APRENDIZAJE:

> ❖ Realiza inmediatamente cualquier tarea que tengas por hacer, las tareas pendientes te quitan energía, al completar los asuntos pendientes te la aumenta.

Definitivamente era muy claro: la acción es el abracadabra para que la magia empiece a suceder en nuestras vidas. Nunca pensé, yo que acostumbraba dejar todo para después, que ese después no llegaría. Hoy me prometía que mañana sí iniciaría la acción, al día siguiente inventaba la mejor disculpa para aplazar mis decisiones. Ese mañana jamás llegaba. Ahora entiendo lo tarde que era.

En este estadio de mi aprendizaje ya ni siquiera sabía si toda esta información me serviría para algo. Salí del claustro y en mi mente resonaba la frase "acción aquí y ahora, y la magia se realiza". Aunque mi sensación era la misma que experimenta un estudiante cuando después de un examen recuerda la elemental respuesta, esa que siempre supo y no contestó correctamente. Me abandoné a la perfección y a la alegría de no ser juzgado. La atmósfera que respiraba me hacía sentir en paz conmigo mismo. Decidí actuar y rápidamente me dirigí al siguiente claustro.

RUNA 7
SENTIMIENTOS Y EMOCIONES

- Los sentimientos son la conexión del cuerpo y el espíritu, a través de los sentidos y la mente.
- Los sentimientos son sagrados.
- Escuchar tu cuerpo es escuchar a Dios.
- Tu cuerpo está conformado por células con memoria, en las cuales los sentidos graban todas tus experiencias desde el momento de la concepción.
- Tus sentimientos te guían por el camino correcto y te dan poder.
- Tus sentimientos surgen desde dentro de ti y se proyectan hacia fuera.
- Las emociones surgen de estímulos de afuera.
- Existen emociones que te dan poder y te cargan de energía y otras te envuelven y te quitan el poder, es decir, te fortalecen o te debilitan.
- Diferenciar entre un sentimiento y una emoción es fruto de la sensibilidad humana en su máximo estado de expresión.
- No juzgues lo que sientes; por el contrario, escúchate y encontrarás información que te llevará por el camino correcto.
- Sentimientos de depresión, aburrimiento y decepción son señales de que estás fuera de propósito.
- Tu transformación personal está directamente relacionada con el dominio de los siete pecados capitales, en ellos derrochas la mayor cantidad de energía.

EJERCICIO PARA CONFIRMAR TU APRENDIZAJE:

> ❖ Manténte atento a las respuestas negativas internas y observa qué generó ese tipo de respuesta dentro de ti, te permitirá juzgar cuándo estás atrapado por una emoción.

Muchas veces en mi vida fui prisionero de mis creencias y algunas veces me negué a sentir, principalmente debido a que –entiendo ahora– no sabía distinguir entre un sentimiento y una emoción. Los sentimientos jamás engañan; si se desea dormir es seguro que se tiene sueño, lo mismo si se desea reír o llorar. Y esto era lo que hacía. Después sentía plenitud.

Sin embargo, cuando cualquier emoción me atrapaba, como los celos...me debilitaba. Mantenía una lucha interna constante contra los siete pecados capitales "lujuria, envidia, avaricia, pereza, gula, soberbia e ira", luchas que no siempre se ganaban. Lo importante era desarrollar la sensibilidad y ser capaz de discernir.

Caminé otro rato. Vagué por este paraíso en un estado de conciencia sobre el momento presente que jamás había tenido. También me sentía agotado, saturado; la misma sensación que se tiene después de intensificar las actividades de estudio en un tema de especial interés para uno. Quería parar tanta enseñanza y dedicarme a disfrutar, lo cual me producía remordimiento. Deseaba acabar con tanto parloteo mental, aun sabiendo que en ese instante no era posible y que lo mejor sería aceptar y abandonarme a esta experiencia, sobre todo porque un estado de conciencia mayor me permitía advertir que todo era pasajero y que incluso esta etapa también habría de pasar. Así que lo mejor era disfrutarla. Volví a escuchar a mi yo sagrado y sentí cierto alivio.

— *¿Cómo te sientes?* —me preguntó.

— *Más confundido que antes* —respondí.

— *Poco a poco le hallarás sentido a estas lecciones y sabrás el porqué y el para qué de las mismas.*

Sabía que este rompecabezas tenía muchas piezas y que, por ahora, sólo podía ver algunas, prefería ver el juego completo y la parte correspondiente a mi evolución, con el propósito de comprender la razón y el sentido de esta experiencia.

RUNA 8
EL ALIMENTO

- Tu cuerpo lo alimentas con lo que comes, con sentimientos y cada vez que respiras.
- Al alimentar tu cuerpo, comprueba que lo nutres y no que lo envenenas.
- Los alimentos son alcalinos, neutros o ácidos.
- Los alimentos alcalinos son todos aquellos cuyo pH es mayor que 7 como, entre otros, carnes, pescados, huevos, sales o algunas verduras verdes. Estos alimentos contraen tu cuerpo, se encargan de crear y mantener tus sistemas óseo y muscular y tienen la facultad de mantener tu conciencia enfocada en el pasado.
- Los alimentos neutros son todos los cereales. Se encargan de nutrir correctamente tu sistema sanguíneo y tienen la facultad de mantener enfocada tu conciencia en el presente
- Los alimentos ácidos son todos aquellos cuyo pH es menor que 7 como, entre otros, harinas, frutas, algunas verduras, alcohol o dulces. Éstos dilatan tu organismo, influyen notablemente en tu sistema nervioso y tienen la facultad de mantener tu conciencia enfocada en el futuro.
- En un mundo donde todo es relativo, necesitas los tres tipos de alimentos y manejar el concepto de lo principal y lo secundario. Principalmente, requieres alimentos neutros que permitan mantener tu enfoque en el presente y complementariamente alimentos ácidos y alcalinos.

- Aprende a escuchar tu cuerpo y él te enseñará la manera más sabía de alimentarlo.
- Si quieres ser longevo, come poco y mastica mucho.
- Alimenta tu mente sólo con información que te empodere y te lleve a descubrir en la luz del corazón tu poder sin límites y ponerlo al servicio de la humanidad.
- El alimento lo recibes por medio de los cinco sentidos.
- Existen tres tipos de alimento: físico, mental y espiritual.
- Al cuerpo físico lo alimentas con lo que comes y sientes, con lo cual creas salud o enfermedad.
- No existe la dieta perfecta. Cada ser humano puede determinar su dieta adecuada dependiendo de, entre otros aspectos, el trabajo que realice, edad, lugar donde viva y su constitución física.
- A la mente la alimentas con la información que captas a través de los cinco sentidos, y eso genera las creencias.
- Al espíritu lo alimentas cada vez que respiras, si pones tu atención en lo absoluto y lo eterno, mediante la oración, la contemplación, los ejercicios espirituales y la meditación.
- Meditar es escuchar la voz sagrada de Dios. Hacer ejercicios espirituales es caminar conscientemente hacia la luz de Dios. Contemplación es deleitarse ante la luz de Dios y orar es hablarle a Dios.

EJERCICIO PARA CONFIRMAR TU APRENDIZAJE:

- ❖ Come poco y mastica mucho.

- ❖ Manténte alerta; selecciona la información que te llega por medio de los sentidos.

- ❖ Permanece en comunicación con Dios.

Si fuéramos justos deberíamos enfocarnos en alimentar diariamente nuestras partes física, mental y espiritual de manera correcta y equitativa. En cambio, alimentamos constantemente, aunque mal, nuestro cuerpo físico y nuestra mente y sólo en momentos de necesidad o crisis pensamos en nuestro espíritu. Quizá el cuerpo permanece atrapado por nuestros vicios y, así, nuestra mente y nuestro espíritu no se alimentan correctamente. Recordé la frase "mente sana en cuerpo sano" y con ella la analogía del caballo y el jinete; nuestro cuerpo es el caballo, nuestra mente el jinete y la gran carrera de la vida sólo la gana cuyo jinete y caballo estén sanos.

Avancé en silencio sin permitirme ningún otro diálogo interno. Sólo quería sentir; vivir. Observé cómo mis pies se unían con el piso. Pasado un rato, levanté la mirada y vi el letrero de mi siguiente aprendizaje.

RUNA 9
LA RESPIRACIÓN

- Con cada respiración y mediante tus sentimientos programas tus células, lo que reflejas luego en tus campos de energía para atraer hacia ti, con la fuerza de un poderoso imán, lo que allí se haya grabado.
- El éter, sustancia que lo abarca todo, origen de la eternidad, contiene todas las cualidades de Dios; al respirarlo puedes obtener de Él todo lo que desees en tu vida: salud o enfermedad, prosperidad o escasez, amor u odio, luz u oscuridad.
- Cuando respiras inhalando el aire por la nariz alimentas tu espíritu; al hacerlo por la boca te conectas con tus centros de energía inferiores.
- Al desear algo sólo basta con que lo respires y sientas que lo atraes del éter y lo grabas en tus células.
- No menosprecies el poder de la respiración. Respira profundamente y las bendiciones en tu vida se harán evidentes.
- Todos los momentos felices de tu vida, respíralos profundamente para que se repitan una y otra vez.
- Cuando tengas preguntas o dilemas internos, hazte consciente de tu respiración y de dentro de ti surgirán las respuestas.
- La sensibilidad, la capacidad de percibir de cada aspecto de la vida su valor y sentido verdaderos, se incrementa cuando te haces consciente de tu respiración.

❧ Al respirar conscientemente, te conviertes en el observador y las emociones no podrán atraparte.

EJERCICIO PARA CONFIRMAR TU APRENDIZAJE:

❖ Permanece consciente de tu respiración y haz de cada inhalación un suspiro.

Alguna vez escuché que los líderes de algunas religiones invitan a dedicar parte del tiempo libre para respirar la cualidad o virtud de la cual se carece y atraerlas a nuestras vidas; igualmente con aquellas cosas que se necesitan. Sabía incluso de la importancia de tener cuidado con los eventos que suceden a nuestro alrededor cuando respiramos, necesitamos verificar que sólo inhalemos cosas agradables, al respirar se programa la atracción hacia sí mismo de todas esas emociones. Además, sabía por experiencia que sólo con alterar los ritmos y ciclos de respiración es posible conectarme con mi memoria celular y traer al presente recuerdos del pasado hace rato olvidados por mi parte consciente.

Mientras me dirigía hacia el nuevo claustro, cavilé acerca del poder que en vida hubiera tenido, usando la respiración para liberar mis emociones, no caer en ellas y, así, evitar tanta pérdida de energía. Sólo con respirar correctamente hubiese podido programarme para el éxito, ser feliz, vivir plenamente y materializar mis deseos.

RUNA 10
EL SILENCIO

- Para escuchar tu cuerpo necesitas acallar tu mente y conectarte con lo que sientes. Así, por medio de tus sentidos, tu cuerpo te dará información muy válida, una retroalimentación que te indicará la forma más adecuada de tratar aquello que tu cuerpo te dice.
- Para escuchar tu espíritu necesitas acallar tu mente y conectarte con la corriente del sonido de Dios. De esta manera puedes comunicarte con la fuente creadora de todas las cosas y obtener respuestas a tus más importantes inquietudes.
- Así como el ayuno de alimento regenera y sana tu cuerpo, el ayuno de información recarga tu energía física, mental y espiritual. Desconéctate de radio, televisión, periódicos y lecturas en general para mantenerte en silencio y disfrutar del contacto contigo; así la naturaleza y la luz te llevarán a vivir más plenamente el presente.
- Dedica un tiempo de tu día a mantenerte en silencio y disfrutar del ser.
- Dedica un día de tu año a mantenerte en silencio. Por cada día de silencio estarás agregando a tu vida un año más de vida y de juventud.
- Muchas personas en el hablar compulsivo esconden su incapacidad para sentir.
- Mantenerte en silencio te convierte en observador y te saca de vanos diálogos que te atrapan en la trampa de la competitividad.

- Escuchar es un don que se adquiere con la habilidad de hacer silencio.
- Manténte en silencio a no ser que lo que deseas decir sea absolutamente necesario y elevará a los participantes del diálogo.
- Así como se convierte en una habilidad hacer silencio para no participar en el mundanal ruido, la habilidad de acallar tus diálogos internos te dará la facultad de escuchar la voz de tu conciencia.
- Meditar es escuchar a Dios y la forma de lograr esta comunicación es a través del silencio.
- Es del escuchar que se aprende, no del hablar.
- Se te dieron dos oídos y una boca, para que escuches el doble de lo que hables.

EJERCICIO PARA CONFIRMAR TU APRENDIZAJE:

> ❖ Dedica un día de cada año a vivenciar la experiencia de estar en silencio. No hables con nadie, no escuches radio, no veas televisión, no leas; esto es, sólo tus cinco sentidos experimentando el eterno presente.

Algunas veces intenté hacer un día de ayuno verbal. Realmente me fue muy difícil; más de una vez, hacia el medio día y de manera casi inconsciente, hablé o me hablé a mí mismo como si las palabras brotaran por todos lados. Recuerdo que muchas veces hice ayuno de alimento, incluso más de un día y no tenía problema diferente al hambre inicial que produce esta práctica y la felicidad de la sensación de conquista. El ayuno verbal que consiste en no hablar, no escuchar radio, no ver televisión, no leer, sólo sentir, era algo realmente intenso. Estadios superiores de aprendizaje, pensé, al recordar que Jesús pasó cuarenta días y cuarenta noches en ayuno total.

RUNA 11
LA ENERGÍA SEXUAL

- La energía sexual es la materia prima con la que haces realidad tus sueños.
- La energía sexual es la más sagrada de tus energías, la conclusión de todo lo mejor y todo lo peor que hay en ti.
- Cuando compartes tu sexualidad te honras o te deshonras, depende de con quién estableces relaciones sexuales.
- El sexo es la forma en que las almas hacen el amor en el plano físico.
- Tú tienes auras o campos de energía alrededor de ti. Uno de ellos refleja tu estado físico, los niveles de salud o enfermedad. Otro, más grande refleja todo lo que piensas y hablas; genera lo que comúnmente se denomina como buena o mala suerte. Un tercero expresa tu nivel de evolución, donde están grabados tus 48 sellos o runas, es decir, tu propósito de vida. Todos los campos de energía se reflejan por medio de colores, sonidos y vibraciones fáciles de percibir por aparatos que captan las energías.
- Tus auras son imanes que atraen a tu vida lo que está grabado en ellas; así vas creando tu realidad en el mundo.
- Cada vez que te relacionas sexualmente con alguien mezclas tus auras con las de la otra persona, con lo que atraes hacia ti salud o enfermedad, buena o mala suerte y aprendizajes que, en algunos casos, no tienes o ya los tuviste y se repiten.

- La calidad de tu energía cambia cada vez que te relacionas sexualmente con alguien.
- Cada vez que un hombre eyacula su energía disminuye.
- Los grandes sabios de la humanidad y los grandes maestros no tuvieron sexo en su ciclo vital.
- Tu campo de atracción y tu magnetismo están directamente relacionados con la cantidad de energía sexual que manejes.
- La energía sexual estimula tu creatividad; mientras más de esta energía tenga tu cuerpo, mayor capacidad tendrás de crear desde la luz.
- Al momento de tu muerte necesitarás esta energía para la transición a tu nueva etapa de aprendizaje, al igual que en vida para transitar de la enfermedad a la salud.
- Al compartir tu sexualidad estás compartiendo lo más sagrado que hay en ti.
- La sexualidad está diseñada para crear vida, equilibrio y placer en los niveles inferiores.
- El equilibrio se crea cuando adquieres en ti las virtudes que deseas ver en tu pareja y las transmites por el intercambio de energías, durante el acto sexual, para que despierte el deseo de transformación.
- El placer es una mezcla de emoción y sentimiento; la única manera de saber si compartes desde tu sentimiento es mediante el logro del disfrute antes, durante y después de la actividad sexual; de lo contrario, se trata de una emoción que te atrapó para robarte energía.
- Cuando controlas tu actividad sexual te conviertes en un imán. Requieres tener cuidado, al igual que una bombilla de luz cuando se enciende atrae muchos animales inferiores, cuando estás lleno de luz llegan a

- ti seres con energías inferiores y con emociones que roban tu energía.
- Existe diferencia entre el control de tu sexualidad y su represión; la controlas cuando no admites pensamientos sexuales; la reprimes cuando habitan en tu mente pensamientos sexuales y te abstienes del acto sexual.
- La sexualidad es una de las últimas lecciones que aprenderás, primero necesitas dominar tus emociones.
- Cuando hayas aprendido todo sobre la energía sexual estarás listo para la ascensión o, lo que es lo mismo, para la inmortalidad física.

EJERCICIO PARA CONFIRMAR TU APRENDIZAJE:

❖ Manténte durante un buen tiempo en abstinencia sexual, tanto física como mental, sobre todo cuando desees ser más creativo o crear más rápidamente. Te maravillarás de los resultados.

El sexo siempre me inquietó. Despertar a mi sexualidad significó descubrir un nuevo placer, pletórico de ansiedad y atracción, despertar a un nivel de madurez y autoconocimiento. En alguna etapa de mi vida, en que ya había leído muchas cosas acerca de la importancia de la energía sexual y su buen uso, elegí tener épocas de ayuno sexual y fue sorprendente observar la rapidez de la materialización de mis deseos. Además, en la medida que más control tenía sobre mi energía era más consciente de la atracción que producía en el sexo opuesto.

Comprendo que se trataba, nada más ni nada menos, de la razón por la cual la historia de los grandes maestros y pensadores de la humanidad de todos los tiempos, está estrechamente ligada a su autocontrol. La historia de San Agustín se hace interesante a partir del momento en que empieza a controlar su energía sexual. Y, ahora resulta que esta energía la necesitamos hasta para morir. Apenaba comprender que hombres y mujeres que desperdiciaban su energía sexual son personas sin imán, sin magnetismo.

Deambulé un rato.

Ni mis confusos y a veces apesadumbrados pensamientos me impedían sentir la maravilla de tanta belleza. Divisé a lo lejos otra runa; supe que debía continuar mi aprendizaje y me dirigí hacia ella.

RUNA 12
EL FLUIR DE LA ENERGÍA

- La energía fluye en y desde cada célula de tu cuerpo.
- Tú tienes unos centros de energía llamados sellos, chakras, o vórtices de energía.
- Los sellos, chakras o vórtices de energía hacen que funcionen tus órganos vitales.
- Tú posees siete sellos o chakras mayores, 92 secundarios y más de mil puntos de interconexión energética.
- Cuando el correcto fluir de la energía se obstruye, surge el dolor para avisarte que algo en tu cuerpo físico está siendo utilizado incorrectamente.
- Cuando el fluir energético es el adecuado, las células se regeneran automáticamente; de lo contrario se produce envejecimiento y muerte.
- Envejecer es una elección que en la mayoría de los casos es inconsciente.
- El primer sello o chakra raíz está localizado en los genitales y en la base de la espina dorsal o coxis, por lo que se le llama también chakra base, fundamental, muladhara, sacro o kundalini. Se asocia con la creatividad, el crear vida, el crear equilibrio y la voluntad de vivir. En lo físico rige el funcionamiento de los órganos genitales y la sexualidad.
- Al segundo sello, o chakra del vientre ubicado en el ombligo se le llama esplénico, recibe y subdivide la energía proveniente del sol, por esta razón se le conoce como el centro del poder. Este chakra es el motor que hace que funcionen órganos tan importantes como el

hígado, el páncreas, el bazo y las suprarrenales. Su energía se desperdicia con la ira, la envidia, la soberbia, la culpa y el resentimiento.

- El tercer sello, o chakra del plexo solar está ubicado debajo del esternón. Es considerado el segundo cerebro, el centro de la sensibilidad, las emociones, la fuerza y libertad para actuar. En lo físico rige la vesícula biliar y el sistema nervioso.
- El cuarto sello o chakra del corazón está ubicado en el esternón. Es el lugar donde se activa la energía crística y la puerta a la contemplación de la luz de Dios. En lo físico rige el timo, el corazón, la sangre y el sistema circulatorio. Es el centro del amor.
- El quinto sello o chakra o laríngeo está ubicado en la garganta. Es el centro de la ambición, comunicación, expresión, habla y oído. En lo físico rige la tiroides, los bronquios, los pulmones y el canal alimentario. Aquí se genera el poder creador del verbo.
- El sexto sello o chakra o frontal está ubicado en el entrecejo y es conocido también como el tercer ojo. En lo físico gobierna la pituitaria o hipófisis anterior y posterior. Es el centro creador de los pensamientos y fenómenos paranormales.
- El séptimo sello o chakra o coronario, conocido como la flor de los mil pétalos, está ubicado en la coronilla. Es el centro del conocimiento puro y la intuición pura; su energía marca la evolución de cada ser humano y lo conecta con su propósito de vida. En lo físico gobierna la glándula pineal.

EJERCICIO PARA CONFIRMAR TU APRENDIZAJE:

❖ Visualiza cada chakra o sello como una rueda que gira en el sentido de las manecillas de reloj, a la velocidad que tú consideres perfecta, radiante de luz, lo que automáticamente llenará de salud tus órganos vitales.

Vórtices de energía que jamás vi. Por fin le encontraba sentido a cierta información que recibí y que simplemente juzgué mal o no tuve en cuenta, como la acupuntura que desbloquea los centros de energía para que fluya y así ayudar a mejorar el funcionamiento de nuestros órganos vitales. Teníamos tanto desconocimiento de nosotros mismos que éramos totalmente inocentes de la forma tan atroz como dañábamos nuestro cuerpo.

Entendí que cuanto más elevada es nuestra calidad de energía, más propensos estamos a ser atrapados por las emociones que nos hacen reaccionar de manera tan incomprensible que, en la mayoría de los casos, sólo nos lleva al arrepentimiento después de perder nuestra energía. Pensé que el sexo y el dinero traen muchos inconvenientes al común de la gente, y son dos ataduras de las que necesitamos liberarnos, trascenderlas lo antes posible. Tener el dominio sobre estos dos aspectos de nuestras vidas era una bonita y, al mismo tiempo, dura tarea, exigía lo mejor de cada persona para lograrlo.

Después de una larga y reconfortante meditación retomé el camino de aprendizaje. Todo brillaba con la luz de un mediodía soleado y sabía que la luz que iluminaba mi vida ya no era externa; era interna y sólo con conectarme con el espíritu volvería a iluminarlo todo.

RUNA 13
EL PERDÓN

- Perdonar es amar incondicionalmente.
- El verdadero perdón surge cuando se agradecen las lecciones aprendidas de experiencias cargadas de resentimiento.
- Si logras recordar con cariño a aquella persona que antes resentías, habrás perdonado de corazón.
- Cuando vas en contravía del orden natural y sus leyes, tu tendencia es a la autodestrucción. Por esta razón al mantener un resentimiento por determinada persona o situación, sin saberlo puedes estar creando un cáncer en tu cuerpo.
- Tienes tantas deudas como personas o situaciones resientas. Perdona incondicionalmente y la prosperidad reinará en tu vida.
- La persona más importante a quien perdonar es a ti mismo. Declárate inocente, porque cualquier otro, en tu lugar, con tu mismo nivel de conocimiento y evolución, hubiese actuado igual que tú.
- Todos los seres humanos son inocentes y cada uno actúa de la mejor forma, a su manera. De nada sirve resentirse, el universo se encarga de enseñar lo necesario y lo hará cuando las cosechas sean fruto obligado de las siembras. Inocentemente siembras, inocentemente recoges; con resentir no cambias nada, sólo te haces daño.
- Si declaras perdón sin olvido, no has perdonado.

- Perdonar y amar son sinónimos que te invitan a vivir en aceptación, y la aceptación es otra de las claves de la felicidad.
- Al perdonar y perdonarte logras activar la energía crística en tu corazón y creas una comunicación más nítida con tu Creador. A ello se refería el maestro Jesús, el Cristo, cuando declaraba "Antes de pretender entrar en la casa de mi Padre necesitas invocar el perdón de todas aquellas personas que has ofendido y enviar tu perdón a quienes te hayan ofendido".
- Resentir es continuar sintiendo algo que ya pasó y al hacerlo dejas de disfrutar el presente.
- El resentimiento surge de la diferencia que existe entre lo que una persona hace y lo que esperas que haga; recuerda que si estuvieras en su lugar actuarías igual que ella. La aceptación, el perdón y el olvido te liberarán del resentimiento.
- La culpa, esa forma que tienes de no perdonarte, produce artritis. Libérate de los "deberías" y acéptate incondicionalmente.

EJERCICIO PARA CONFIRMAR TU APRENDIZAJE:

❖ Cuando te sientas ofendido por alguien, expresa mentalmente y en tu corazón el perdón. Di "te perdono porque no sabes lo que haces". Y cuando estés tentado a juzgarte, declararte a ti mismo: Soy hijo de Dios, perfecto, creciendo en gracia.

De niño me enseñaron que Dios es quien perdona y en este instante entiendo que para vivir conscientemente en Dios debí perdonar y reconocer que del pasado la única opción es aprender, transformar lo que no nos agrada y persistir en la construcción de lo que nos gusta. En fin, perdonarte y perdonarme, aceptarte y aceptarme son requisitos indispensables para conectarme con mi poder sin límites desde el bien mayor.

Mientras recorría la ruta a la siguiente runa me pregunté cuánto tiempo habría pasado desde aquel día en que inicié este proceso.

RUNA 14
LA CREATIVIDAD

- La creatividad es infinita.
- Siempre hay una manera más fácil y mejor de hacer las cosas.
- La creatividad es el antídoto contra la pobreza.
- Crear es sacar de tu mundo, donde todo es posible, el pincel de la esperanza y plasmar en el lienzo de la vida lo que seas capaz de soñar.
- Creas tu destino por medio de tus cinco poderes. Con el poder del pensamiento visualiza en colores todo aquello que deseas materializar en tu vida. Con el poder de la palabra afirma en primera persona y en presente todo aquello que deseas se haga realidad en tu mundo. El poder de la acción verifica que cada paso que des te conduzca a la realización de tus sueños. El poder de los sentimientos te retroalimentará y te indicará si vas por el camino correcto de acuerdo con tu bien mayor, es tu guía interna. El poder del alimento asegura a tu cuerpo físico, mente y espíritu el alimento correcto para crear salud física, sabiduría y fuerza para cumplir tu plan de vida.
- Recuerda que puedes ser lo que desees ser; hacer lo que te plazca hacer; tener lo que quieras tener.
- Libre albedrío es la capacidad de elegir tus propias creaciones, en cualquier momento y lugar.

EJERCICIO PARA CONFIRMAR TU APRENDIZAJE:

❖ Adquiere el hábito de encontrar una más fácil y mejor manera de hacer las cosas, bien sea en lo que haces mediocremente o en lo que piensas tienes maestría.

Al salir de esta runa tuve la sensación que este lugar era como la conclusión de otros donde ya había estado; todo me sonaba repetido. Sin embargo, me empoderaba saber que yo era un ser ilimitado y que la repetición crea la reputación. Sabía que todo se relacionaba perfectamente aun cuando no entendiera la razón.

Recordé que 48 sellos o runas componían el total de mi aprendizaje. ¿Cuánto tiempo demorarán las personas más evolucionadas en pasar por su propia evaluación? La respuesta que surgió fue "mucho tiempo", y me vino a la mente una canción que decía "no te apures, no te apures, no hay donde llegar". Mientras disfrutaba esta melodía ingresé a la runa siguiente.

RUNA 15
LA ACTITUD

- El mapa no es el territorio. El ser humano no vive en el territorio, o sea en la realidad, sino en el mapa que se hace de ese territorio.
- Tus diálogos internos, o lo que te digas sobre un hecho determinado, crean tu actitud.
- Te hablas a ti mismo por medio de imágenes, palabras o sensaciones.
- El ochenta y cinco por ciento del éxito en tus resultados depende de tu actitud; luego, sólo con la actitud correcta garantizas tu éxito.
- No son los acontecimientos los que te hacen feliz o infeliz; es tu actitud ante ellos la que determina tu estado de ánimo.
- Antes de todo, después de todo y sobre todo la actitud lo es todo.
- Resultados son resultados; fracaso es un juicio sobre un resultado; la única manera de fracasar es no volver a intentarlo.
- Tu actitud condiciona tu acción, tu reacción y, por ende, tus resultados.
- Reconoce que todo sucede por tu bien y que cualquier cosa es posible; esto creará en ti la actitud correcta.
- Todo comportamiento humano tiene una intención positiva y un contexto donde éste es perfectamente adecuado.

- Elimina los juicios de tu mente, los cuales surgen cuando utilizas calificativos, y aprende a vivir cada momento de tu vida con la inocencia de saber que es nuevo.
- Espera lo mejor de cada instante de tu vida y de la gente con la que te encuentras y así será.
- Sonríe, sonríe, sonríe, ya que la vida es una divertida experiencia donde los seres humanos toman muy en serio sus aprendizajes.
- Elige estar por encima de las circunstancias, desde el mismo nivel donde se originan los problemas no se pueden solucionar.
- Para cambiar tu actitud cambia tu actitud.
- Un día de lluvia para muchos será un mal día; para otros la forma como la naturaleza purifica el ambiente.
- Invocado o no, Dios está presente. Confía, Dios está a cargo. Tu misión es disfrutar el camino de regreso al Padre.
- Puedes encontrar mejores actitudes preguntándote qué haría en tu lugar un maestro o persona que tú respetes. Por ejemplo, ¿qué haría Cristo en mi lugar?
- La actitud equivocada hace que veas en el cielo un infierno; en la luz, tinieblas; en la verdad, mentira; en la esperanza, duda. Luego, lo que hace es desplazarte hacia la oscuridad de tu propia ignorancia y te priva de la oportunidad de identificar las bendiciones que están presentes en todo momento de tu vida.

EJERCICIO PARA CONFIRMAR TU APRENDIZAJE:

❖ Controla los diálogos internos, no quieras tener la razón sino el resultado.

❖ Di para ti mismo frases que te empoderen y aprende a ver el beneficio oculto en cada problema.

Mi reflexión se enfocó en la queja como forma inconsciente de manifestar nuestra falta de creencia en Dios. La situación de tantos como yo que nos sentimos fracasar día tras día por no vivir en un contexto adecuado de fe, amor, esperanza, comprensión y dicha me llevó a concluir que el gran problema continúa siendo que la gente cree que puede separarse de Dios. Una de las frases que en vida me facilitaba la mejor actitud, aprendida de un sacerdote, Alberto Hurtado, quien cuando alguien le preguntaba cómo se encontraba respondía "contento, señor, contento", y cuando tenía un dilema se preguntaba ¿qué haría Cristo en mi lugar? Con base en esta actitud y en gran cantidad de testimonios, la Iglesia católica lo santificó.

Me acordé de un día que me sentía bastante enfermo y alguien llamó a mi casa; mi hermano contestó y dijo que yo estaba mejorando y al escucharlo me enojé, pensaba que no era cierto. ¡Qué actitud! ¡Cómo es posible que queramos permanecer anclados a nuestros resultados mediocres por querer tener la razón y no los resultados deseados!

Mirar la vida con el sentimiento que algo puede mejorarse o que algo no nos gusta y convertirse en su mayor crítico resulta muchas veces doloroso, quise huir de mi dolor y, por tanto, rápidamente me encaminé hacia el claustro de la siguiente lección, el cual era más perfecto e ideal que los anteriores. Lentamente percibí la importancia de la actitud correcta para controlar nuestros resultados y mientras reflexionaba vi el interesante título de la siguiente runa.

RUNA 16
EL LIDERAZGO

- Sólo puedes liderar tu propia vida; el verdadero líder renuncia a guiar a otros.
- Todo ser humano tiene los recursos internos necesarios para lograr el bienestar que tiene como objetivo.
- Existe una gran diferencia entre liderar y tramar «o enrolar». Se lidera con el ejemplo y se trama con las palabras.
- El auténtico líder está dispuesto a conquistarse a sí mismo; su único propósito es cumplir la misión para la cual ha sido creado, vivir en la luz y rendirse a la voluntad divina.
- El líder se va convirtiendo en un mejor ser al conquistar día tras día sus propias batallas internas, y por medio de su ejemplo otras personas eligen iniciar el camino de su propio liderazgo.
- Los mayores obstáculos con los que se encuentra un ser humano en el camino de su liderazgo son sus propias disculpas y excusas.
- El líder cree en sí mismo y sabe que lo es la condición para serlo.
- Las palabras claves que identifican al líder son responsabilidad y disciplina que dan la habilidad para responder oportunamente. Estas actitudes lo convierten en discípulo, o sea, en aquel que está dispuesto a aprender y aplicar constantemente lo aprendido.
- Un líder es un visionario que conoce claramente el propósito de su existencia.

- El líder no necesita tener seguidores, sabe que otras personas se convierten en líderes si siguen su propia luz.
- El sendero del líder sólo lo puede transitar una persona: el líder. Por eso algunos parecen personas solitarias.
- Los grandes maestros de la humanidad han sido grandes líderes, individuos solitarios y, en algunos casos, incomprendidos.
- Quien trama o enrola pide ser seguido, y necesita multitudes para confirmar su prédica; generalmente se alimenta de la energía de sus seguidores.
- Convencer a otras personas es la misión del tramador y al convencerlas las vence, disminuyéndoles el poder y creando un panorama donde él se erige como alguien superior.
- Un tramador o enrolador huye de su propia soledad porque no está dispuesto a estar solo con su conciencia ni a confrontar la incoherencia entre lo que predica y los resultados que ha obtenido en su vida.
- Aunque el líder no pretende guiar a los demás, su ejemplo sí inspira a muchas personas a vivir su propio proceso de autoconocimiento y liderazgo, encarando sus propias batallas y conquistando sus propios obstáculos.
- Un líder es guiado siempre por la voluntad divina y encuentra en Dios la fuente de su inspiración.
- Todo líder debe ser un visionario consciente de su misión, establecedor de metas por excelencia, entusiasta, lleno de energía, conocedor de sí mismo, competente en lo que hace, perseverante, responsable y dadivoso con sus finanzas, capaz de amar incondicionalmente, humilde, maestro en el arte de la comunicación, con dominio propio, con autoridad interna y externa fruto de la valoración de su tiempo y su palabra y con una alta capacidad para identificar oportunidades donde otros ven problemas.

EJERCICIO PARA CONFIRMAR TU APRENDIZAJE:

❖ Crea una imagen mental clara de cómo te gustaría que fuera el mundo gracias a la influencia que ejerciste en tu paso por la vida al poner tu propósito y dones al servicio de la humanidad. Repásala constantemente.

Muchos seres humanos prefieren ser manipulados que iniciar el camino de su propio liderazgo; por eso, un verdadero líder se inmortaliza y hace historia, como la Madre Teresa de Calcuta o Gandhi, que tenían una estrecha relación con su Creador, independientemente de la religión que profesaban.

Llegué a juzgar que en los conciertos de música donde se admira excesivamente a un artista, la gente se exponía inconscientemente a que le robarán su energía al igual que en las iglesias dirigidas por fanáticos. Pero es un error afirmar que asistir a un concierto o ir a una iglesia te puede robar energía. Eso sucede cuando la gente ha hecho del artista o del religioso un ídolo, no cuando la gente va sólo a disfrutar de la música o va a la iglesia porque reconoce en ese sitio un lugar que le apoya en su intención de estar en contacto con su luz; en esos casos se empodera aún más.

Cada vez surgía un nuevo dilema dentro de mí. En esta ocasión me planteaba que si una persona vivía su vida en propósito, indiscutiblemente se convertía en líder. ¿No existían otras opciones sino ser líder o liderado? Era mucho más común seguir a otros que a su propia luz; sin embargo esta errada decisión nos ubicaba en un camino equivocado lleno de dependencia y vicios.

RUNA 17
LA COMUNICACIÓN

- El responsable de la comunicación es el comunicador, por lo tanto no debes decir que alguien no te entendió, sino que no te hiciste entender.
- Cuando te comunicas desde el corazón llegas al corazón de las personas; si lo haces sólo desde la mente, llegarás a sus mentes.
- Toda experiencia humana tiene componentes visuales, auditivos y cinéticos. Las palabras representan el siete por ciento de la comunicación. El tono, el ritmo, el volumen y las pausas representan el treinta y cinco por ciento. La postura física, los gestos, los movimientos, la distancia corporal y el contacto físico el cincuenta y ocho por ciento.
- La manera de calificar la calidad de una comunicación es por medio de su resultado.
- Simpatía es la necesidad de ganar aprobación en tu comunicación con otras personas y antipatía es la capacidad de crear rechazo en tu comunicación.
- Empatía es la destreza para darte cuenta que cada vez que te comunicas con alguien lo haces con un ser humano igual a ti.
- La mejor manera de generar empatía es ver a Dios en cada persona, incluso en ti mismo.
- La mejor manera de comunicarte es aprendiendo a escuchar.
- Al comunicarte, estás en la primera posición perceptiva; quien escucha se encuentra en la segunda; el

observador en la tercera posición. Para hacerte un maestro de la comunicación, asegúrate de pasar por las tres posiciones antes de emitir un juicio y te darás cuenta que todo lo originas tú como comunicador.

- Nunca tendrás una segunda oportunidad de causar una primera buena impresión.
- Al comunicarte ámate a ti mismo, es decir, entrega lo mejor de ti. Ama tu tema, habla de aquello que conoces y escucha lo desconocido para tu aprendizaje. Y ama al interlocutor, respeta su tiempo y haz lo necesario para que comprenda exactamente lo que deseas comunicar.
- Observa qué te dices a ti mismo cuando te comunicas; si internamente ves a las personas más pequeñas que tú, amplía tu imagen mental de ellas y ponlas a tu nivel para que se sientan cómodas contigo y de esta manera estén dispuestas a escucharte. Si las ves más grandes que tú, amplía internamente la imagen mental tuya hasta igualarla con la de las otras personas para que te sientas cómodo e inspires credibilidad. Y si la imagen interna de la persona con la que te estás comunicando es igual a la tuya, allí habrá empatía y reinará una excelente comunicación, no existe nadie más grande ni más pequeño que tú.
- Verifica que en tu comunicación no haya crítica, condena o juicio, y no te quejes, a la mayoría de las personas no le interesan tus quejas y a otras les puede divertir tus sufrimientos.
- De tu boca sólo deben salir bendiciones, jamás maldiciones.
- Al comunicarte interésate sinceramente por los demás.

EJERCICIO PARA CONFIRMAR TU APRENDIZAJE:

❖   Antes de querer ser comprendido, comprende a los demás.

❖   En cada conversación date la oportunidad de tener una nueva comunicación.

❖   Escucha verdaderamente con la inocencia de no asumir o tener las respuestas por anticipado.

– ¿Qué hace que nosotros sepamos lo que nos conviene, y aspiramos lograr el resultado, pero realicemos acciones incorrectas? Todo es muy fácil de entender; sin embargo, casi nunca lo puse en práctica.

– La respuesta es muy simple. La cadena saber–querer–actuar se rompe en el actuar debido a grabaciones inconscientes e impulsos irracionales que reinan en la vida de las personas. Mirar y descubrir por qué haces algo: sin juicios, con mucho amor y comprensión podrá cambiar tu accionar; mejorar la comunicación contigo mismo te ayuda a mejorar la comunicación con los demás.

Recordé que durante mi vida en tercera dimensión cuanto más me juzgaba más juzgaba a los demás y que lo que más rechazaba de mí era lo que más rechazaba en los demás. La frase "Amarás a tu prójimo como a ti mismo" ahora cobraba más fuerza para mí.

Amarme incondicionalmente para poder amar a otros fue mi última reflexión antes de ingresar al próximo claustro.

RUNA 18
LA DISCIPLINA

- Capacidad de aprender y aplicar constantemente lo aprendido.
- Saber, querer y hacer. La mayoría de las personas saben claramente qué les conviene y qué les hace daño. Saberlo no es suficiente, necesitan querer adquirir lo que buscan o querer cambiar lo que no les agrada. Y tampoco basta con saber y querer, hay que hacer; y es en el hacer donde se les presenta el gran problema.
- Así como la distancia más corta entre dos puntos es la línea recta, el camino más rápido entre tú y tu meta es la disciplina.
- Se equivocan quienes creen que es a fuerza de voluntad aplicada en el hacer como logran transformar los resultados.
- Un verdadero discípulo requiere un maestro de quien aprender.
- Reconoce que todos son maestros inconscientes de todos.
- Determina claramente qué deseas aprender.
- Una vez que identifiques lo que deseas aprender, elige el aprendizaje tan sólo de aquel que tiene el resultado.
- Un discípulo no sigue las palabras sino el ejemplo, y así se asegura de no entrar en valles de engaño.
- Cuando el discípulo está preparado para ser guiado encuentra al maestro.

EJERCICIO PARA CONFIRMAR TU APRENDIZAJE:

❖ Comprométete sólo en aquellas cosas que sabes puedes cumplir, diciendo sí cuando es sí y no cuando sabes que debes decir no.

❖ Crea constantemente los hábitos que deseas adquirir a través de la repetición de la acción y la visualización.

❖ Asocia todo lo que deseas hacer con el placer y tu ser básico o niño interno te apoyará en la conquista de tu deseo.

– ¿La disciplina se forja a fuerza de voluntad?

– No. Precisamente esto es lo que enseña esta runa.

–¿Conoces a personas que saben que comer en exceso, fumar, consumir drogas y toda clase de vicios les hace daño?, y ¿qué quieran cambiar esos hábitos, pero no lo logran? ¿Has observado que una y otra vez intentan cambiar ese mal hábito sin obtener el resultado deseado? ¿Podrías decir que saben lo que quieren?

–Sí

– ¿Podrías decir que de verdad quieren cambiar?

– Sí.

– ¿Podrías juzgar que no lo han conseguido por falta de perseverancia?

– *No, lo intentan y muchos continuarán en el intento de cambiar ese mal hábito hasta la muerte.*

– En cada intento, en lugar de fortalecerla, deterioran su autoestima; sienten que no sirven, no valen, que no son de confiar y crean juicios internos que sólo les lleva al auto castigo.

– Entonces, ¿cuál es el problema?

– Que sus grabaciones en el subconsciente les hacen reaccionar de manera automática e irracional en la repetición del hábito y crean pautas de comportamientos preestablecidos y repetitivos superiores a su voluntad consciente.

– ¿Y cuál es la solución?

– Es tan simple que te la resumiré en tres pasos:

- *Primero, aceptación y reconocimiento que ese mal hábito te tiene atrapado.*

- *Segundo, amor o eliminación de todos los juicios de tu mente para tratarte con amor y comprensión.*

- *Tercero, visualización o creación, a través del poder de la visualización y los decretos, del resultado exitoso de lo que deseas, no del proceso.*

– ¿Siguiendo estos tres pasos podré cambiar las grabaciones del subconsciente y transformar el hábito?

– Sí. Visualiza constantemente el resultado exitoso de lo que deseas, en colores como en una película donde tú eres el protagonista; créale el ambiente adecuado, luces,

sonido, temperatura y sentimientos empoderantes como felicidad y plenitud. Decreta con una afirmación el resultado exitoso que buscas, en presente, primera persona y positivo. Actúa y compórtate como si ya te hubieses liberado de ese mal hábito, incluso si todavía continúas con él, ya que en muy poco tiempo desaparecerá de tu realidad. Éste es el secreto de la verdadera disciplina, y para adquirirla crea el resultado exitoso de lo que deseas. Persevera y sé constante en mantenerte en estado de creación, esto es, visualiza, decreta y vive como si ya se hubiera realizado. No te preocupes por el proceso ni por cómo vas a conseguir tu objetivo; sólo mantente en la vivencia del resultado exitoso.

Sentía que acababa de conectarme con niveles profundos de sabiduría y, como así lo creía, así era. Me entusiasmé tanto que ingresé rápidamente a la siguiente runa para continuar mi aprendizaje.

RUNA 19
LA HONESTIDAD

- Ser honesto es ser tú mismo.
- Muchos seres humanos utilizan su conocimiento para manipular y van por la vida tramando personas y robándoles su energía. En la medida que adquieren mayor información se hacen manipuladores profesionales y sus juegos para manipular se hacen más sutiles y poco perceptibles para otros.
- Quien es honesto no cae en esos juegos; los identifica claramente.
- Todos los seres humanos tienen una intención o beneficio oculto en lo que hacen; manifestar claramente su intención es romper el velo de la ilusión, o maya, y vivir en la luz.
- En los niveles más densos se manipula con el engaño; en los niveles más sutiles puede hacerse por medio de un gesto, el tono de la voz, un halago, un regalo, una caricia, un mimo, un reclamo.
- Brujos blancos son maestros ascendidos encargados de guiar la evolución espiritual de un planeta e inspirar a los líderes espirituales.
- Brujos negros son aquellos seres que quedaron anclados en la cuarta dimensión después de morir; generan su poder por medio de la manipulación de las emociones de personas de la tercera dimensión que viven en vicio, creándoles mayor dependencia y robando su energía; se nutren de su desequilibrio y emociones descontroladas. Se les llama negros para

utilizar un calificativo que demuestra que viven en su propia sombra.

- Muchas personas se sienten inspiradas por una entidad de cuarta dimensión de bajo nivel de evolución, a tal punto que no saben que son manipulados. Estos tramadores roban la energía de sus seguidores y en algunos casos hasta invitan a fanáticos religiosos al suicidio o a sacrificios de dolor, ya que todo eso los alimenta. Estas entidades utilizan a personas con grandes egos para apoyar su deseo de gloria y así convertirlas en grandes tramadores o enroladores.
- La única manera de no ser víctima de esta manipulación es ser honesto.
- Cultiva tu honestidad y las sombras desaparecerán de tu vida.
- Al leer un libro, escuchar un tema musical, ver una obra de teatro, observar una pintura o disfrutar cualquier arte revisa si estás tan o más empoderado que antes; ésta es la forma de confirmar que el artista fue inspirado por la luz y no por la sombra.
- Tus traumas son tantos como secretos albergas en tu vida.
- Para iniciar el camino por el sendero espiritual, es requisito indispensable la total honestidad del discípulo o, de lo contrario, estará perdido en el valle de la ilusión, convencido de que inició el camino espiritual sin ser así.

EJERCICIO PARA CONFIRMAR TU APRENDIZAJE:

- ❖ Expresa libremente lo que piensas y sientes y renuncia a la necesidad de ganar aprobación.

- ❖ No te emociones con los halagos, ni te entristezcas con la crítica.

Al salir de este claustro era de noche y el ambiente había cambiado. El asombro me invadió al comprender que muchas personas, como yo, pasaban simultáneamente por la misma experiencia; y fue más intenso al ver que muchas de esas caras me resultaban familiares, lo que no me importó; estaba cansado y buscaba un lugar para descansar que, aunque no lo conocía, sabía encontraría muy pronto. Dormí tan profundamente que al despertarme me sentí como nuevo, un recién nacido a esta experiencia.

Así que continué este proceso de iluminación; sí, iluminación es la mejor forma de definir el hecho de desvelar y comprender tanta información.

RUNA 20
EL TIEMPO

- La puntualidad es característica de líderes. Cuando respetas el tiempo de los demás honras su vida y valoras su ser.
- El presente es el momento del poder, el pasado sólo existe en tu memoria y el futuro se construye ahora mismo con cada una de tus elecciones.
- Haz que cada segundo de tu vida cuente y honrarás a tu Creador.
- El tiempo que malgastas o no utilizas sabiamente, jamás lo recuperarás.
- Todo es transitorio, por lo tanto este momento pasará. Así que permítete disfrutar las experiencias que vivas en el ahora.
- En las medidas cuánticas del tiempo, una hora es igual a sesenta minutos; un minuto igual a sesenta segundos; un segundo igual a doce instantes; un instante igual a sesenta quarks; un quark igual a sesenta spins; un spin igual a doce quantas; y una quanta es la mínima cantidad de energía posible de ser medida en un mismo espacio y tiempo.
- No tienes los años que ya utilizaste, sólo los que te quedan por vivir; así como no tienes el dinero que gastaste, sólo tienes el que te queda por gastar.
- Si elegiste vivir ochenta años, debes tener en cuenta que desde el momento en que naciste ya empezaste a consumirlos. Hagas lo que hagas, el reloj que marca

el paso de tu vida tampoco se detendrá hasta cumplir esos años.

- La paciencia es el arte de la paz y la ciencia; es el mayor voto de confianza y fe que debe desarrollar tu espíritu; todo te sucederá en el lugar adecuado y en el momento oportuno.
- El tiempo es relativo a quien lo percibe; un minuto de dolor es diferente de un minuto de placer.
- Cuanto más movimiento exista en tu vida, el tiempo pasará más rápido; si tu vida es más sedentaria, el tiempo te será más largo.
- Disfruta tu presente, vive intensamente el aquí y el ahora y, de esta manera, honrarás y bendecirás el privilegio de estar vivo.
- Todo tiene su tiempo; tiempo de nacer y tiempo de morir, tiempo de sembrar y tiempo de cosechar, tiempo de llorar y tiempo de reír.

EJERCICIO PARA CONFIRMAR TU APRENDIZAJE:

- ❖ Haz que cada segundo de tu vida cuente.
- ❖ Disfruta cada instante de la vida.

Recordé la lectura del pasaje de un libro: Imagina que estás en el paraíso con todo lo que quieres, durante el tiempo que desees y cuando tú lo elijas. Tal vez, en principio te será muy placentero, pero con el tiempo se tornará lo suficientemente monótono como para querer vivir allí por toda tu eternidad. Ves un botón que dice "sorpresa" y lo oprimes; al hacerlo vuelves al lugar donde te encuentras hoy, en el aquí y en el ahora y con los problemas que tienes hoy, lo que te invita a respirar profundamente y agradecer el presente, la eternidad menos un día.

No tenía mucho que alegar sobre esta runa. Me habían arrebatado todo el tiempo, sin aviso, un segundo después del día menos esperado, en el momento menos deseado. Ya no pertenecía a esa medida del tiempo ni estaba condicionado por ella.

Rememoré una anécdota sobre Galileo, hombre de barba y cabello canosos, a quien alguien le preguntó cuántos años tenía, a lo que contestó que 15 ó 20. La gente no comprendió; después de un profundo silencio concluyó su respuesta: "los otros ya los gasté".

RUNA 21
LA EXCELENCIA

- La excelencia es un camino, no un destino.
- Todo es susceptible de ser mejorado.
- Cualquier logro obtenido por una persona puede ser alcanzado por otra si la tarea es dividida en segmentos adecuados y suficientemente pequeños.
- Existen personas ordinarias con resultados ordinarios y personas ordinarias con resultados extraordinarios.
- Quien consiguió un resultado extraordinario, estuvo dispuesto a hacer algo extra que los demás no hicieron o no quisieron hacerlo.
- No existen los elegidos; tú te eliges o te descalificas.
- Para emular «o modelar» un resultado identifica al mejor, imita al mejor, iguala al mejor, superar al mejor.
- Aprende a identificar a la persona adecuada para emular de ella la estrategia o la forma como obtiene sus resultados.
- Requieres determinar el resultado exitoso de lo que buscas y la estrategia correcta que te lleve a conseguirlo.
- Los errores más comunes son imitar a la persona equivocada e imitar de la persona correcta la estrategia equivocada.
- Enfócate en lo que deseas y determina quién ya consiguió ese resultado y cuál fue la estrategia exacta que le permitió obtenerlo. Eso te dará las herramientas

que te llevarán a un resultado similar cuando las apliques.
- Los recursos necesarios para obtener lo que te propongas en la vida son internos, luego naciste con ellos.
- Aplicar principios de éxito indiscutiblemente te llevará al éxito o viceversa.
- Mediocre es aquel que medio cree.

EJERCICIO PARA CONFIRMAR TU APRENDIZAJE:

❖ Lee biografías de personas consideradas exitosas o que han hecho historia.

Durante mucho tiempo tuve la creencia debilitadora que habían personas que nacían con estrella y otras estrelladas. La verdad era muy simple. Cualquier resultado obtenido por otra persona, lo podría haber obtenido yo si hubiese estado dispuesto a pagar el precio, o dicho de otra forma; aplicar y aprender paso a paso aquello que llevó al otro individuo al resultado deseado.

El nombre de la siguiente runa me despertó mucha curiosidad, imaginé que esta vez mi aprendizaje sería más como un juego.

RUNA 22
YO GANO, TÚ GANAS

- Nadie necesita perder para que tú ganes, ni tú necesitas perder para que otros ganen. El juego de la vida se gana sólo cuando todos ganan.
- Si tú crees que alguien necesita perder para que tú ganes, tus creencias te tienen atrapado en la ilusión de la escasez. Recuerda que en tu mundo hay suficiente para todos y en abundancia.
- Si tú crees que necesitas perder para que otros ganen, tus creencias te tienen atrapado en el juego de la baja autoestima y la falta de merecimiento. Recuerda que como hijo de Dios mereces lo mejor; acéptalo ahora mismo.
- Si no puedes ganar y crees que otros tampoco podrían hacerlo, es la envidia la que reina en tu corazón, con lo cual eliges jugar el juego del yo pierdo – tú pierdes, y tu conciencia es destructiva.
- Si crees que tú no puedes ganar si otros tampoco pueden, la culpa reina en tu corazón, así eliges jugar el juego yo pierdo – tú pierdes, y tu conciencia es de auto castigo y carencia de merecimiento.
- Si crees que todos deben ganar si tú ganas, o viceversa, danzas en la conciencia de la riqueza.
- Si tus pensamientos te invitan a ir más adelante del paso yo gano – tú ganas, ingresas a un mundo donde tus tratos se realizan en el bien mayor y con los más altos fines, donde ganar tú y el otro no es el único propósito, donde tus tratos son ecológicos, donde

todos los seres de los diferentes reinos deben ganar y el resultado es lo mejor para todos. Así vivirás en el espíritu, donde además de riqueza hay abundancia en la luz.

EJERCICIO PARA CONFIRMAR TU APRENDIZAJE:

❖ Abstente de hacer algún trato, ya sea con otros o contigo mismo, a no ser que todos los involucrados ganen.

Juzgué demasiado corto mi paso por esta runa, deseaba más información, no obstante continué hacia el otro claustro. Este comportamiento compulsivo lo tenía desde hacía tiempo, parecía que tuviese prisa de ir a algún lado; sin embargo, era ridículo afanarme ya que nadie me obligaba a discurrir a un ritmo determinado.

Así se me fue la vida, con afanes. Me sentía estafado por mí mismo, con la vieja costumbre de vivir en pos del mañana me robé la oportunidad de disfrutar cada instante de mi vida.

Esta reflexión me hizo disminuir la velocidad y apreciar más los detalles de todo lo que estaba viviendo. Frente a mí apareció el escenario de la siguiente lección y, antes de ingresar, caí en cuenta que en la medida que se disfruta más el tiempo y las experiencias, la sensación de eternidad es mayor y los límites del tiempo y del espacio desaparecen.

RUNA 23
EL PODER DE LA ASOCIACIÓN

- Seleccionar tus amistades es construir tu futuro.
- Observa los resultados de las personas con las que te asocias; en el futuro los tuyos serán similares.
- Hónrate al seleccionar tus amistades; verifica que miren y caminen hacía el mismo lugar al que tú te diriges.
- Sé selectivo con lo que asocias a tus sentidos; selecciona lo que lees y escuchas.
- La mejor manera de determinar si las personas con las que te asocias son las correctas es: si después de compartir con ellas te sientes mejor y más lleno de poder, esa asociación te conviene; si sucede lo contrario, lo único que hiciste fue perder tu energía.
- En cinco años serás fruto de los libros que leas y de las personas con las que te asocies.
- Atraes a tu vida personas muy parecidas a lo que tú eres. Si deseas mejorar tus amistades, mejórate internamente; los similares se atraen.
- Determina las cualidades que te gustaría poseyeran las personas que deseas atraer a tu vida: como sencillez, honestidad, humildad u optimismo; luego trabaja internamente para manifestar esas cualidades dentro de ti e inexorablemente esas personas llegarán a ti.
- La única asociación obligatoria es con tu familia, en razón que tienen lecciones y enseñanzas para tu propia trascendencia. Separarte de ella es negarte la oportunidad de aprender tus más importantes lecciones.

- Cuando concluyas el aprendizaje que te brinda tu familia, te apartarás un poco de ella, no huyendo de ella, sino porque te has elevado. Esto significa que les mirarás con mucho amor y desde ese nuevo nivel acompañarás y apoyarás su crecimiento.
- De la misma manera como te trates a ti mismo, te tratarán las personas que se acerquen a ti. Lo que más rechaces de ti es lo que más rechazarán de ti, y lo que más ames de ti, es lo que más amarán en ti; así que ámate y acéptate sin condiciones para que te asocies con personas que te amen y acepten sin condiciones.

EJERCICIO PARA CONFIRMAR TU APRENDIZAJE:

❖ Comparte tu tiempo con aquellas personas que son como tú quieres ser o hacen lo que tú deseas hacer o tienen lo que tú deseas tener.

– Creo que más me demoro en salir de un claustro y entrar en el otro, que en olvidar lo leído.

– No es así. Muy por el contrario, todo está quedando grabado en lo más profundo de tu ser; simplemente, cuando necesites esta información saldrá en forma de inspiración, de manera natural.

¿Saldrá? ¿Cuándo? Ya ni siquiera sabía para qué me servía todo esto. ¿Será que esto es un aviso que tendré que repetir y que ese momento se acerca? Volví a percatarme que con sólo pensar en algo, obtenía la respuesta de mi ser interno, cada vez se me hacía más natural ese proceso; era como hablarme a mí mismo, y al mismo tiempo a mi guía interior, que poseía toda la sabiduría y las mejores respuestas para mí. Vendrá cuando sea necesario, susurré.

Me vi frente a mi siguiente nivel de aprendizaje.

RUNA 24
EL PODER DE LAS METAS

- El que no sabe para dónde va, ya llegó.
- Al determinar una meta en tu vida estás alineando toda tu energía y tu poder creador hacia un propósito determinado, lo que te llevará a materializarlo más rápidamente.
- Una vez determinada claramente la meta, tu mente elimina la información innecesaria que te aleja de tu meta y ayuda a maximizar tu energía.
- Una de las diferencias más marcadas entre un ganador y un perdedor es su punto de referencia. El ganador habla de su próxima meta y se enfoca en materializar sus sueños. En cambio, para el perdedor el foco de atención está en su pasado, en lo que fue; renuncia a trazarse nueva metas.
- Para los fracasados todo tiempo pasado fue mejor y sus diálogos constantemente van acompañados de remembranzas sobre el ayer.
- Para la gente de éxito, los mejores tiempos están por venir y para asegurarse que así sea, se traza el camino que debe recorrer para alcanzar las metas.

- Metas y obstáculos son inseparables. Las metas pequeñas tendrán obstáculos pequeños; las metas grandes, obstáculos grandes. Si no te gustan los obstáculos no te fijes metas; pero, y si no te fijas metas, ¿para qué vives? La vida es el juego de la meta y el obstáculo que permite que al final del camino comprendas que lo importante no fueron los logros alcanzados, sino la persona en quien te convertiste con la conquista de esas metas.
- Vivir la vida sin determinar metas claras será tan aburrido como iniciar un juego sin conocer las reglas para ganar. Imagina jugar fútbol sin arcos, hacer tiro al blanco sin tener el blanco, o jugar baloncesto sin cestas. ¿Te parece ilógico o sin sentido? Igual es la vida sin metas, carecerá de sentido y estarás propenso a caer en la depresión.
- Toda persona que vive en vicio carece de metas; toda persona que vive en propósito establece metas para las diferentes áreas de su vida, con el fin de seguir claramente el camino que le lleva de regreso al Padre. Las metas son sinónimo de disciplina y actitud incuestionable de un discípulo.
- Ponte metas en los ámbitos espiritual, físico, educativo, laboral, recreativo, económico y en las relaciones humanas.
- Tu meta sagrada más importante está en identificar claramente la misión para la cual fuiste creado y ponerte al servicio de la humanidad con la realización de tu propósito.

EJERCICIO PARA CONFIRMAR TU APRENDIZAJE:

- ❖ Planea anticipadamente lo que vas a hacer cada día, semana, mes, año.

- ❖ Planea toda tu vida y así maximizarás tu tiempo.

¡Qué cambio de paradigma! En vida pensaba que definir metas era para gente poco espiritual, materialista, enfocada en conseguir dinero y en cuadricularse la existencia; pensaba que lo mejor era la espontaneidad, el fluir libre y sin condiciones. Entiendo claramente que hasta para crecer espiritualmente necesitaba ponerme metas; no hacerlo era desperdiciar el tiempo.

RUNA 25
LA PROSPERIDAD

Las paredes de este claustro eran enchapadas en oro con incrustaciones de piedras preciosas; el piso era de mármol brillante y el techo con adornos en filigrana. Había muchas obras de arte en las paredes y, para sorpresa mía, varias eran conocidas en la Tierra como La Gioconda y La Última Cena de Da Vinci, y La Piedad y La Creación de Miguel Ángel. La música era el sonido sublime y perfecto de las obras clásicas y a su compás todos aprendíamos las lecciones.

Me sorprendió que en este hermoso sitio, y por primera vez «a diferencia de los demás claustros», había anfitriones, seres muy amables que con encantadoras sonrisas servían incansablemente con humildad inexplicable; pareciera que la humildad y el servicio fueran las dos cualidades que les hacían merecedores de estar allí. La humildad de saberse iguales a todos, separados sólo por el espejismo de la ignorancia, y el don sagrado del servicio, al que los seres se hacen merecedores cuando reconocen que "el mayor entre vosotros es aquel que más sirve".

Extasiado en medio de tanto brillo y fulgor, me encontré frente a estas lecciones escritas en letras de oro:

- Tener dinero no necesariamente es sinónimo de prosperidad; en cambio, carecer de él sí es sinónimo de escasez.

- La prosperidad es una conciencia que te hace atraer a tu vida aquello con lo que sueñas.
- La prosperidad es ilimitada y proviene de la creatividad que también es ilimitada. Los problemas de escasez no son creados por falta de dinero; son consecuencia de la carencia de creatividad. Los grandes soñadores de todos los tiempos lucharon contra el escepticismo, mientras los realistas se enfrentaban a la competencia.
- La ruta de la prosperidad es: SER, HACER Y TENER.

Encontré este título en algún lugar de este maravilloso claustro: "Pasos para crear prosperidad". Aquí la sensación era superior a la de entrar al más hermoso castillo jamás visto. ¡Un verdadero palacio! Podría asegurar que allí vivían el rey Salomón, el rey Midas, los Reyes Magos y todas aquellas reconocidas personas de la historia que hicieron enormes fortunas.

Pasos para crear conciencia de prosperidad:

1. Reconoce tu herencia; es imposible separarte de Dios. Hagas lo que hagas, estés donde estés, siempre estás en Dios. Y en la medida que reconozcas tu unión con Dios surgirán en ti sus características: sabiduría, poder, amor y creatividad sin límites.
2. Descubre el propósito de tu corazón; y ponlo al servicio de la humanidad. Cuenta tus dones y pregúntate qué te gustaría hacer con ellos, o cómo te gustaría ponerlos al servicio de la humanidad; ése es el camino para descubrir tu propósito. Recuerda que en la vida hay dos caminos, el propósito o el vicio. Tú escoges.
3. Verifica que cuando hagas algo, todos los involucrados en el trato ganen. Si alguien necesita perder para que

tú ganes, tarde o temprano también perderás. Ponte en los zapatos de la otra persona y verifica que ella quede contenta después de un trato, como tú cuando estás en tus zapatos.

4. Da siempre lo mejor de ti a la vida y exige a la vida lo mejor para ti. Recuerda que por el solo hecho de existir te mereces lo mejor y que las bendiciones ya están dadas.
5. Disfruta el éxito de los demás. Si de corazón disfrutas el éxito de los demás es señal de que realmente sabes y entiendes que en tu universo hay suficiente y en abundancia para todos.
6. Siembra constantemente lo que quieras recoger, porque inevitablemente así será.
7. Aprende a dar y recibir desde tu corazón, sin soberbia, sin falta de merecimiento, sin baja autoestima. Dar y recibir es un círculo sin pausa. Cuando das es Dios quien da por medio de ti y cuando recibes es Dios quien te da lo que te mereces por medio de la otra persona.
8. Diezma. Entrega el diez por ciento de tus ingresos al lugar donde te educas espiritualmente; si no tienes la costumbre de diezmar y deseas controlar lo que pasa con tu dinero, por ahora haz con ese diez por ciento obras de caridad «donaciones»; y si estás acostumbrado a diezmar, siembra o, lo que es lo mismo, envía a tu fuente de enseñanzas espirituales dinero; se convierte en una especie de diezmo anticipado; siembra la cantidad de dinero que desees para asuntos específicos que pretendas resolver en un futuro y verás cómo este acto de fe atraerá hacia ti más rápidamente todo aquello que anhelas. También puedes ahorrar otro diez por ciento en una cuenta que se convertirá en tu imán de dinero, el cual nunca

gastarás. Aunque no lo entiendas conscientemente, tal vez éste sea uno de los mayores secretos de la prosperidad.

EJERCICIO PARA CONFIRMAR TU APRENDIZAJE:

❖ Recuerda tu herencia, reconoce que eres hijo de un rey. Tu Padre es el creador del universo y tienes derecho a lo mejor.

Pensaba que viví mucho tiempo en contravía, queriendo tener cosas para poder hacer y ser, me costaba mucho vivir en prosperidad. No había comprendido que la prosperidad se incrementa trabajando en el ser, en las cosas eternas como la humildad, la honestidad, la perseverancia, la constancia, la disciplina. Ahora entiendo que gente como Jesús el Cristo, Gandhi, la madre Teresa de Calcuta y muchos más habían entrado en una conciencia de abundancia; ya no necesitaban aferrarse a las cosas materiales y, sin embargo, no carecían de nada; al parecer todo les llegaba por derecho de conciencia. Cada día para ellos traía su propio afán; no almacenaban en su corazón sabían que los seres humanos somos como un imán que atraemos a nuestra vida aquello que por conciencia nos pertenece; que ese derecho de conciencia lo adquirimos con lo que hemos avanzado en nuestro camino y todo ello se logra trabajando en el ser.

Mientras esto analizaba, comprendía que cualquiera se sentiría honrado de tener estas personas a su mesa y compartir casa y comida, así se llega a un nivel en el que se trasciende la materia. Sin embargo, hay quienes confunden humildad con pobreza y creen que carecer de cosas materiales es un gran logro o bendición; realmente están muy equivocados al suponer que el sacrificio hace a alguien digno de mayores bendiciones. Eso es olvidar las palabras de Jesús ¿Quién de entre nosotros cuando nuestro hijo nos pida pan le daría una piedra? Nada tiene que ver ser humilde con ser pobre; por el contrario, si se es humilde y honrado, la prosperidad llega por derecho propio.

Cada vez comprendía más que los niveles de prosperidad a los que nos hacemos merecedores están directamente relacionados con la persona en que nos vamos convirtiendo durante el camino de la vida. Pensé en tanta pobreza que veía en la Tierra y entendí que esa situación se debía a la búsqueda equivocada de riqueza; rememoré las palabras de mi profesor de matemáticas, quien en clase continuamente nos decía que lo más difícil de un problema es plantearlo correctamente.

No fue fácil abandonar ese lugar; en el corto tiempo que lo disfruté llegué a apegarme a él. Sin embargo, ya otras lecciones me habían enseñado; que soltar lo que tenemos y no aferrarnos es estar seguros que lo mejor está por llegar.

Al salir, fui advertido: Las runas siguientes son grandes semillas, con la recomendación de dejarme fluir, no cuestionar, sólo vivir la experiencia como lo haría un niño o un observador, sin juicios.

RUNA 26
LA LEY DE LA ACEPTACIÓN

- El universo funciona por medio de 33 leyes inmutables que nadie puede alterar. La primera ley cósmica universal es la ley de la aceptación, encargada de crear armonía en el universo y de manifestar el amor en él.
- Esta ley garantiza tu felicidad. Al aceptarte tal como eres, aceptar tu presente como consecuencia lógica de las creaciones de tu pasado, te rindes al disfrute del aquí y del ahora y te haces responsable de su transformación.
- La aceptación es la base del amor, luego con aceptar ya amas.
- Acéptate sin condiciones, reconoce que no existe en el universo alguien igual a ti y que esa diferencia crea tu belleza y te hace especial.
- Las cosas son como son cuando te gustan o cuando no te gustan.
- El ochenta y cinco por ciento de los problemas que te preocuparon jamás sucedieron. Pre-ocuparse es una manera de desconfiar de Dios. No te preocupes, Dios está a cargo. Invocado o no, Dios siempre está presente.
- La preocupación produce nerviosismo; los nervios, ansiedad; la ansiedad, estrés; el estrés, gastritis; la gastritis, úlceras gástricas; las ulceras, cáncer gástrico y el cáncer gástrico te invita a morir. Cuando llega ese momento te percatas que todo es transitorio. Al aceptar aprendes a relajarte y confiar en Dios.

- Lo que resistes persiste, y el dolor es el precio que se paga por resistir la vida.
- Jamás se te dará algo que no puedas manejar. A lo máximo serás puesto a prueba en tu noventa y nueve por ciento, no en tu ciento uno por ciento.
- Cada prueba es una oportunidad para expandir tu poder sin límites.
- La aceptación es la clave de la transformación. Al aceptar solucionas gran parte de cualquier problema. La aceptación y la responsabilidad te dan la capacidad de transformar oportunamente cualquier resultado.
- Al aceptar a las personas tal como son, eliminas el resentimiento de tu corazón.
- Al aceptarte tal como eres, eliminas la culpa de tu corazón.
- Al aceptar las circunstancias tal como son, tomas conciencia de cómo fueron creadas.
- En el mundo todo es perfecto. Estás a salvo.

EJERCICIO PARA CONFIRMAR TU APRENDIZAJE:

> ❖ Acepta que nada es permanente; todo es transitorio y el momento en que tienes algún problema también pasará.

La aceptación es la clave de la felicidad y la armonía. Evoqué los muchos momentos de mi vida que me abstuve de disfrutar los resultados por la costumbre de resistir a la vida.

Entré en un trance en que podía ver la gente recién llegada al mundo de los muertos, a la cuarta dimensión. Percibí al ángel de la muerte, cuya función era invitar a las personas a formar parte de este nuevo mundo, invitación que muchas veces se acepta inconscientemente.

Al salir de ese trance decidí alejarme un poco del proceso de autoevaluación y volver a meditar; quería recuperar energías y sabía que ésa era la mejor manera de hacerlo. Sentí nostalgia, intuí que así como se me pasó el detalle de que existía el ángel de la muerte, pude haber pasado por alto muchas otras cosas.

Lo importante es que puse en práctica lo aprendido, gracias a la aceptación, se dibujó en mi rostro una leve sonrisa.

RUNA 27
LA LEY DE LA VIBRACIÓN

- El todo está en movimiento, todos los átomos están en movimiento, luego, todo vibra.
- Los diversos estados de la materia, sólido, líquido y gaseoso, vibran en frecuencias diferentes, de denso a sutil; por tanto, los minerales, los vegetales, los animales y los humanos vibran.
- Algunas vibraciones son fáciles de percibir por los sentidos humanos; otras son menos perceptibles.
- La energía tiene color, sonido y vibración.
- Con tu vibración, permanentemente obtienes y atraes los mismos resultados que hasta ahora has conseguido.
- Si quieres mejorar tus resultados, mejora tu vibración; la manera de hacerlo es caminando hacia la luz.
- La vibración más elevada se obtiene en la luz y la más densa en la oscuridad.
- Las personas que atraes a tu vida son aquellas que vibran en una frecuencia semejante a la tuya.
- Cada pensamiento, palabra, sentimiento, emoción acción o alimento vibran en determinada frecuencia y graban dicha vibración en el lugar donde se crean y en tus campos energéticos o auras.
- Tu casa, oficina y cualquier lugar en general queda grabado con los pensamientos, palabras, sentimientos y emociones que allí se originen e impregnan los campos magnéticos de todo aquel que se encuentre en dichos lugares. Si quieres cambiar dichas grabaciones,

mantén encendida la llama de una vela, el fuego lo transmuta todo.

- Tú te impregnas de las energías de las personas y lugares que frecuentas; así que prefiere compartir e ir a sitios donde la luz reine en sus conciencias y en el ambiente.
- Una de las funciones de los elementales de: fuego, agua, tierra y aire es cambiar las vibraciones de todos los reinos hacia la luz; utilízalos en tu beneficio.
- Un ser de luz se reconoce porque al pasar por cualquier lugar lo deja mejor que como lo encontró, al igual que a cualquier persona con quien comparta.
- Que tu presencia sea una constante bendición para aquel que se cruce en tu camino y para lo que se cruce en tu camino.
- Cuando pases por experiencias desequilibradoras, báñate y manda a lavar la ropa que llevabas puesta, así mejora tu vibración.
- Cuando necesites ir a lugares cuya energía es de baja vibración, acuérdate protegerte con el rayo azul antes de ingresar y utilizar la llama violeta al salir, para limpiar tus campos energéticos.
- Haz de tu hogar un templo y no generes dentro de él pensamientos negativos, ya que éstos quedan grabados en las paredes y te reprogramarán diariamente con esa energía. Enfócate en mantener sólo pensamientos de luz; así, con mucho amor y alegría, volverás cada tarde cuando culmines tu jornada de trabajo y será tu sitio de descanso y paz.
- De vez en cuando camina descalzo entre la naturaleza, y ella absorberá cualquier energía negativa que fluya de ti.

EJERCICIO PARA CONFIRMAR TU APRENDIZAJE:

❖   Respira al aire libre.

❖   Camina en la naturaleza.

❖   Enciende fogatas.

❖   Báñate en el mar y en los ríos.

Muchas veces en vida afirmé que iría a algún lugar para quedarme todo el día, pero, a los pocos minutos de estar en él me asaltaba la impaciencia y me iba. Otras veces sucedía lo contrario; cuando afirmaba que iría para estar cinco minutos solamente, me quedaba mucho más tiempo. Ahora entiendo que se trataba de las diferentes vibraciones de cada lugar.

Una nueva reflexión ocupó mi mente. ¿Por qué en este lugar no sentía hambre? Mi cuerpo físico nada me exigía; bastaba meditar o cambiar de actividad para recuperar mi energía.

RUNA 28
LA LEY DE LOS CICLOS

- Todo fluye y refluye. Todo tiene periodos de avance y retroceso, ascenso y descenso; todo se mueve como el péndulo, en que la medida del recorrido que abarca un movimiento del centro hacia la izquierda es igual a la medida del recorrido que ocupa un movimiento del centro hacia la derecha.
- Todo retorna; lo que das con amor y desinteresadamente vuelve a ti con creces más rápido de lo que te imaginas.
- Para poner a prueba tu poder, la vida te dará la oportunidad de experimentarlo todo a través de ciclos.
- Todo retornará hacia ti para invitarte a confirmar los aprendizajes recibidos.
- El futuro del ser humano es muy fácil de predecir, porque las experiencias se repiten.
- El retorno te permitirá vivir la ley de la compensación.
- Tus experiencias se repetirán cada determinado periodo de tiempo, lo podrás determinar con exactitud una vez tengas historia de tu pasado.
- Todo se manifiesta en un movimiento de ida y vuelta, por ello tendrás momentos de tristeza y otros de alegría.
- Determinar tus ciclos es prepararte para tus próximos cambios.
- Tu estado de ánimo cambiará constantemente; pasarás del optimismo al pesimismo; pasarás por estados positivos, neutros y negativos.

- El día se renueva cada 24 horas; tus estados de ánimo se renuevan cíclicamente cada 28 días; la Tierra, cada 365 días.
- Para tener claridad sobre cómo funcionan los ciclos en tu vida es importante que lleves un registro diario.

EJERCICIO PARA CONFIRMAR TU APRENDIZAJE:

- ❖ Observa atentamente tus días de optimismo y los de tristeza; escribe en una hoja cómo te sentiste durante el día y te darás cuenta que tus emociones se repetirán cada determinado periodo de tiempo; por ende tendrás claridad sobre cómo iniciará tu próximo día.

- ❖ Lleva un diario donde cada noche escribas tus sentimientos predominantes durante el día; al final del mes diseña una gráfica para observar tu comportamiento anímico.

 – ¿Serían los ciclos la clave con que los adivinos podían determinar lo que nos depararía el futuro? Todo es cíclico, los ciclos de la luna, el movimiento de los astros, las estaciones del año, el sucesivo transcurso de las horas del día, los días de la semana, los meses del año. ¡Cómo es posible! ¡Todo tan sencillo y nosotros tan cerrados de entendimiento!

 –Qué bueno que caigas en cuenta de algunos detalles. En cada runa se obtiene información de acuerdo con la evolución de cada ser y su capacidad de comprensión.

 – ¿Para todo son las mismas 48 runas?

– No. Aunque todos pasan por las 48 runas, para algunos el proceso es más complejo que para otros, en la medida en que avanzas en tu propio autoconocimiento tienes mayor conciencia sobre un mismo tema, o está preparado para un aprendizaje más elevado. ¿Te pasó alguna vez que con el correr del tiempo volvías a un mismo libro y le encontrabas más sentido?

– Si, pero a mí me gustaría saberlo todo ya.

– De nada te serviría, obtienes información y después la experiencia te llevara a obtener tu propia sabiduría, ese estado en el cual se hace la luz en tu vida y el entendimiento surge.

–¿Y qué sucederá?

– Que terminarás este ciclo de vidas y muertes; te elevarás por encima de la ley de causa y efecto; todas tus siembras serán positivas y cuando llegue ese momento serás un maestro ascendido.

–¿Eso quiere decir que todos los humanos llegaremos a ser en un momento de nuestra evolución seres de luz que imparten sabiduría como los santos y grandes maestros de la humanidad?

–En realidad todos los humanos son seres de luz; algunos han elegido compartir sus sombras, otros su propia santidad.

–¿Algún día seré un ser que comparta sólo mi luz, a la manera de los grandes maestros cómo Jesús, Buda o Mahoma?

–Sí, todo en la vida va en evolución, primero se aprende, después se enseña.

– No es mucho lo que entiendo.

– No te apresures las lecciones que te restan te darán mayor claridad y te ayudarán a resolver muchas inquietudes.

RUNA 29
LA LEY DEL ENFOQUE

- Para donde miras es para dónde vas.
- Estás donde está tu atención.
- Enfoca tus pensamientos sólo en aquello que deseas atraer a tu vida.
- Enfoca tus palabras sólo en aquello que deseas materializar en tu vida.
- Sólo tú tienes el poder para decretar una sola palabra y mantener un solo pensamiento al mismo tiempo, así que cerciórate que dicha palabra y dicho pensamiento sean coherentes con lo que deseas materializar en tu vida.
- Mantén tu atención enfocada en la prosperidad y ella reinará en tu vida.
- Mantén tu atención enfocada en la felicidad y serás un ser feliz.
- Mantén tu atención enfocada en la salud y serás un ser saludable.
- Mantén tu atención enfocada en la verdad y serás un ser honesto.
- Mantén tu atención enfocada en las bendiciones y en bendecir y te convertirás en una antorcha de luz.
- Mantén tu atención en la paz y la armonía reinará en tu vida.
- Mantén tu atención enfocada en el éxito y serás un ser exitoso.
- Mantén tu atención enfocada en la excelencia y evolucionarás más rápido.

- Mantén tu atención enfocada en el mejoramiento continuo, en el conocimiento del ser y lo eterno, y los límites desaparecerán de tu vida.
- Mantén tu atención enfocada en la luz y el bien mayor reinará en tu vida.
- La autosugestión consiste en mantener más tiempo enfocada tu atención en aquello que deseas ver en tu realidad de mundo, por ende se materializa más rápidamente.

EJERCICIO PARA CONFIRMAR TU APRENDIZAJE:

❖ Dedica tiempo a mantener tu atención concentrada en un punto específico para desarrollar la capacidad de concentración.

Sonaba muy fácil eso que con sólo enfocarnos en lo que nos gusta desaparecería de nuestra realidad de mundo lo que no nos gusta. Pensar que tanta gente ve telenovelas donde la maldad y el engaño reinan, y mantienen su atención enfocada en eso. ¿Cuándo llegará el día en que se nos enseñe la importancia de enfocarnos sólo en lo que deseamos materializar? ¿Y por qué esa necesidad humana de nutrirse con lo negativo? Pero que yo recibiera esta información implicaba la existencia de un mundo habitado por personas que no ven ni oyen novelas o noticias desequilibradoras; acaso un planeta de mayor evolución.

El día brillaba con una energía tan especial y tan perfecta que el paisaje de rosas multicolores que ya varias veces había visto me hacía reconciliar conmigo mismo y aceptar. Caminé lo más pausadamente que pude y me detuve frente al letrero de la siguiente Runa.

Pensé si entraba o no, o si me quedaba un momento a disfrutar de esa mañana. Al fin y al cabo ¿Qué afán tenía? A pesar de todo, continué mi camino; ya había dado unos cuantos pasos cuando me percaté que no había leído el nombre; retrocedí rápidamente y pude ver el letrero que decía:

RUNA 30
LA LEY DE LA POLARIDAD

- El Todo tiene polaridades de la misma esencia que son partes de un mismo aprendizaje.
- La ley de la polaridad afirma que una vez que experimentas una parte de dicha polaridad, asumes la obligación de experimentar el polo opuesto para vivir la experiencia de la totalidad. Así que tendrás tanto tristeza como felicidad, soledad como compañía, resentimiento como perdón, guerra como paz.
- Lo que aparentemente es malo se puede convertir en tu mejor bendición.
- Vives en el mundo de la relatividad. Sin embargo, tu mente te invita a pensar en forma dual hasta que compruebes que nada es bueno ni malo, sólo relativo al punto desde donde observes.
- Luz y sombra, día y noche, hombre y mujer, calor y frío, positivo y negativo, amor y odio son polaridades de un mismo todo.
- Tanto odias a una persona que puedes terminar amándola. Después de la parte más oscura de la

noche se inicia el día; nada es permanente; todo es transitorio desde la sombra hasta la luz.
- Tú puedes cambiar las polaridades con sólo tu presencia; por ejemplo, si vas a un lugar donde existe enfermedad y sabes que en la naturaleza hay tanta enfermedad como salud, pones tu atención en la polaridad de la salud y la enfermedad desaparecerá del ambiente.
- Si te llenan de felicidad los halagos o te entristecen las críticas estás jugando el juego del títere, a quien desplazan en la polaridad al antojo de los demás. Vive en tu propia neutralidad, conviértete en el observador. Que las alabanzas no te engrandezcan ni las críticas te disminuyan, y la paz reinará en tu vida.
- Al participar en la vida da todo de ti; vive como si cada día fuera el último de tu existencia. Es preferible dormir cansado que frustrado. Desapégate del resultado y cuando la dualidad reine en ti y te invite a hacer juicios instálate más allá de la polaridad, en la neutralidad, donde todo es perfecto.
- La masa crítica o vibraciones predominantes tienden a atraparte, cambia de polaridad cuando estés atrapado en una vibración que te atrae resultados diferentes a los que buscas.

EJERCICIO PARA CONFIRMAR TU APRENDIZAJE:

❖ Conviértete en tu propio observador neutral.

❖ Contempla sin juicios la acción y el hacedor.

Tal vez, todo se resumiría en no desear. Qué sentido tendría la vida sin los deseos, me preguntaba y comprendí que quizás la clave está en no apegarnos a nuestros deseos. La polaridad me creaba muchos interrogantes: si tenemos que transitar todas las polaridades, ¿viviremos oscilando entre ellas hasta que lleguemos a la maestría? La runa decía muy claro que lo ideal era la neutralidad, ser el observador sin emitir juicios y vivir en la luz de Dios.

Otra vez los cuestionamientos y ese sentimiento de no encontrarle sentido a esta experiencia me impulsaron a preguntarle a mí ser interno:

– *¿Qué es todo esto?*

– *Una lección de espiritualidad avanzada, diseñada para quienes como niños pueden ver la vida sin juicios. Un día todo esto será tan familiar en tu vida como lo es cualquier otra información en este momento.*

– *¿Para qué me sirve toda esta información?*

– *Para que sepas que tu caminar va desde la oscuridad hacia la luz: para acercarte a tu poder sin límites.*

– *¿Y cómo lo hago?*

– *Lo vienes haciendo desde hace millones de años.*

ʃ

A lo hecho pecho, millones de años era mucho tiempo para decidir ahora no disfrutar el camino, Así que empecé a tararear canciones y evocar recuerdos que me producían gran felicidad.

RUNA 31
LA LEY DEL KARMA Y EL DHARMA
O
DE CAUSA Y EFECTO

- Cada ser humano moldea su destino de acuerdo con lo que piensa, siente, habla, hace, se dice a sí mismo y se alimenta.
- Eres responsable de tu destino; por ende de tus resultados.
- Las casualidades no existen; sólo existen las causalidades.
- Todo lo que te sucede, tú mismo lo has creado, por medio de pasadas siembras.
- Karma significa causa; dharma significa efecto. Toda causa conlleva a un efecto y todo efecto proviene de una causa anterior.
- Tú creas tu futuro constantemente, en tu eterno presente, aquí y ahora, consciente o inconscientemente.
- Si quieres controlar tu futuro debes controlar tus creaciones presentes.
- Si quieres ser una persona próspera debes pensar, hablar, sentir, actuar, alimentar tu cuerpo, mente y espíritu como un ser próspero, lo mismo con cualquier otra cosa que desees crear en tu vida.
- Nada sucede al azar; todos los acontecimientos que evocas consciente o inconscientemente tienen en sí su propio sentido.
- Considerar que se es víctima de las circunstancias es fruto de la ignorancia.

- Tu pobreza o riqueza, tu enfermedad o salud, tu felicidad o tristeza son creación tuyas, y las puedes cambiar constantemente.
- El karma es lo que siembras y el dharma lo que recoges; luego el dharma es el justo fruto que recibes el día que tus cosechas están listas.
- Algunos de tus resultados pertenecen a creaciones de vidas anteriores, porque para recoger lo que siembras tienes la eternidad.
- La tierra es una escuela donde ángeles sin alas aprenden lecciones para recuperar sus alas y volver de regreso a sus hogares.
- En la vida te sucede lo que tú creas, permites o provocas.
- Transitas desde la ignorancia inconsciente hasta la sabiduría inconsciente, pasando por la ignorancia consciente y sabiduría consciente; todo esto a través de tus causas y efectos.
- El arrepentimiento no significa que la lección está aprendida, sólo que estás próximo a completar ese aprendizaje y una parte de tu memoria te hace más sensible, es decir, te prepara para tu próxima cosecha.
- La justicia de la vida existe; aducir lo contrario es desconocimiento de esta ley natural.
- La ley de Dios nunca falla.
- La vida no castiga, enseña. Cuando estés pasando por una experiencia no agradable para ti, pregúntate qué necesitas aprender de dicha experiencia, ya que una vez aprendida la lección las experiencias cambian.
- Nadie sabe algo sin haber errado en los intentos por aprender; así que nadie aprende a amar sin haber odiado, a ser honesto sin haber sido deshonesto, a volar sin haber tropezado. La vida es un continuo aprender y caminar desde la oscuridad hacia la luz.

- Agradece todo lo que te sucede porque con ello sólo tienes la opción de aprender. Y ten cuidado con las decisiones que tomas en tu presente, ellas construyen tu futuro.
- El momento del poder es el presente.

EJERCICIO PARA CONFIRMAR TU APRENDIZAJE:

❖ Ten conciencia de tus siembras y trabaja en mejorarlas de acuerdo con lo que esperas de la vida.

Esta runa contenía tanta información que necesitaría demasiado tiempo para entenderla. Dicho esto, me percaté que llevaba mucho tiempo, o mejor, muchas vidas tratando de aprender sobre ello.

Aunque en tercera dimensión me empeñé en creer que existía la injusticia, ahora comprendía que la vida es justa; que es justo que un niño nazca ciego, con problemas cerebrales, sida o con cualquier limitación física; que hubiese nacido en un hogar o en otro; que hubiese conocido a sus padres o no; lo quisiera creer o no, él ya había sembrado eso y ésta era la cosecha.

Además era necesario admitir que todos somos inocentes porque actuamos de la mejor manera, como sabemos hacerlo, y que si a alguien le sucede algo es lo que le corresponde, es decir, es la cosecha de lo que ya había sembrado. Aunque me pareciera difícil, debía comprender que la vida es una constante evolución; cada persona está en alguna parte de su camino –yo me hallaba en una parte de mi camino– y que al final nos daríamos cuenta que todos tenemos que transitar ese sendero y aprender las lecciones disponibles, aunque cada cual escoja diferentes ejemplos para aprender dichas lecciones.

Me negaba a aceptar que si me robaban era porque yo había robado, y si no me robaban era que ya había aprendido esa lección; y la diferencia entre un ladrón o un asesino y yo radicaba en que yo lo había hecho primero y a través de mis siembras y cosechas me había hartado de los resultados, había tomado conciencia y gozaba empezado a transitar en el camino de mi evolución sembrando honestidad y vida.

– *¿Qué has aprendido?* –me preguntó.

– *Que no sé nada* –respondí automáticamente.

– *Lo que quiere decir que vas por buen camino.*

– *Lo que quiere decir que tengo muchas preguntas para hacerte. Sentí que me relacionaba desde la agresividad y la intolerancia y, sin embargo, no me juzgué por ello, sólo lo acepté.*

– *Bueno, éste es el momento de aclarar tus dudas.*

– *Primero, me parece totalmente injusto que paguemos por algo que se hizo en otra vida y no lo recordamos.*

– *La vida no castiga, enseña. Y enseña cuando el aprendiz está preparado para aprender. No porque olvides una deuda dejas de tenerla; dicho de otra manera, si en el momento en que asumes una deuda estás vestido de determinada manera, ¿sería justo que dijeras al encontrarte con el cobrador que esa deuda no te corresponde a ti porque cambiaste de ropa? Recuerda que hoy eres el* resumen de toda tu evolución; actúas de la mejor manera que sabes y también reaccionas de la peor manera que lo sabes hacer.

— ¡Tampoco me parece justo que los hijos paguen por los padres!

— A mí tampoco; es más, jamás paga alguien algo que no debe y si el aprendizaje es para el padre es ilógico que la consecuencia sea para el hijo. Lo que sucede es que padres e hijos se atraen, tienen lecciones parecidas por aprender.

— ¿Y cuando sucede algo que afecta a mucha gente?

— En tal caso son aprendizajes colectivos.

— Conocí gente cuyas vidas eran agradables y con buenas cosechas a pesar que sus siembras no eran las más adecuadas, ¿qué pasa con ellos?

— Durante la vida, las personas tienen épocas de arrepentimientos en las que se proponen hacer cosas buenas, como las lecciones no han sido aún aprendidas continúan cayendo una y otra vez. Siembran insensatez y desequilibrio aunque antes hayan sembrado con cordura y equilibrio; y así mismo, les llega el momento de recoger de lo sensato y en otro de lo insensato, independientemente de lo que estén sembrando. No te preocupes, ni les envidies.

— ¿Esto significa que funciona como la ley de ojo por ojo diente por diente?

— No, esto es diferente a la venganza; significa que las experiencias continuarán sucediéndote hasta cuando aprendas la lección. Por tanto la pregunta correcta que debes *formularte en cada situación es ¿Qué requiero aprender de esta experiencia? Y desechar afirmaciones y reclamos tan equivocados como ¿Por qué me pasa esto a mí?*

– ¿Si alguien me roba o hace daño, me hace un favor y se convierte en un maestro que me ayuda a compensar mi karma?

– Es cierto que si te sucede es porque te corresponde. Sin embargo, nadie es maestro consciente de nadie y todos somos maestros inconscientes de todos. Quiere decir que si alguien te hace daño, aunque te está enseñando a ti al darte la oportunidad de experimentar en carne propia lo que ya habías hecho, está sembrando de manera desequilibrada, de tal forma que en un futuro recogerá lo sembrado; ella no es consciente de la enseñanza que te está dando. Por el contrario, los maestros conscientes o seres de mayor evolución que tú te enseñan sólo con amor.

Quise regresar a una runa anterior, pero no me fue permitido. La explicación: una de las reglas del juego era que podías ingresar sólo una vez en cada runa, y cada quien aprendía sus lecciones a su propio nivel. Salí algo disgustado y vi que en diagonal a donde me encontraba se hallaba el otro salón donde debería ingresar.

RUNA 32
LA LEY DE LA REVERSIBILIDAD

- Las experiencias en la vida se repiten una y otra vez hasta que las lecciones queden aprendidas, la forma de saberlo es de acuerdo con tu manera de reaccionar ante ellas.
- La reversibilidad es reincidir en la vivencia de un proceso o experiencia, porque cuando se vivió no se aprendió la lección.
- La reversibilidad garantiza que no pasarás a una lección superior hasta que hayas aprendido la anterior.
- Si tu vida se hace monótona, significa que tu manera de aprender es muy lenta; lo quieras o no, aprenderás.
- La diferencia entre dos seres humanos radica en la velocidad con que aprenden y en la cantidad de lecciones aprendidas.
- Atraes a tu vida personas con prototipos y conducta muy parecidos a los tuyos, para que aprendas de lo que aceptas y rechazas de ellas.
- Lo que aceptas o rechazas de alguien, si observas con sumo cuidado, es lo mismo que aceptas o rechazas de ti mismo.
- No ves el mundo como es, sino como tú eres.
- Cuando las lecciones han sido aprendidas, el mundo que te rodea cambia; algunas veces cambias de lugar o de amigos; otras veces, tus amigos cambian la manera de relacionarse contigo.
- Dale siempre la bienvenida al cambio porque todo lo que te suceda es para tu bien mayor.

- En cada aspecto de tu vida existen lecciones que necesitas aprender, bien sea en lo espiritual, físico, laboral, económico o en tus estudios, relaciones y diversiones.
- El mejoramiento continuo es fruto del aprendizaje continuo.
- Tu transformación personal es la prueba que estás aprendiendo.
- Lo que haces muy bien es fruto de muchos intentos fallidos que crean en ti la experiencia.
- La excelencia es un camino, no un destino. Durante tu ciclo vital, avanzas por este camino en la medida que aprendas cada lección disponible para ti.

EJERCICIO PARA CONFIRMAR TU APRENDIZAJE:

- ❖ Toma conciencia de los acontecimientos que se repiten en tu vida y de cómo los has creado.

Conocía la ley de la reversibilidad; alguna vez alguien me la explicó tan bien que fue la mejor manera de descubrir el sentido de muchas cosas. Es como ver varias veces una obra de teatro representada cada vez por diferentes actores; nos damos cuenta que se trata, en todos los casos, del mismo argumento. Igual sucede con cada aspecto de nuestra vida. Recuerdo que después de terminar una relación de pareja –rechazaba muchos aspectos de aquella persona– encontré una mujer que en aquel tiempo creí podría ser mi compañera ideal; después de conocerla supe que jugaba los mismos roles de la anterior. Yo sólo había cambiado algo de esa ilusión llamada forma. Lo laboral constituye otro ambiente donde la ley de reversibilidad se me hacía evidente. Con frecuencia, las personas cambian de trabajo porque no soportan a sus compañeros o a su jefe, tampoco se explican la razón cuando se encuentran con personas de comportamiento parecido al de éstos.

Por otro lado, el sentido de la vida no es huir, sino trascender. Cuando uno trasciende una experiencia, el universo se encarga de efectuar los cambios respectivos. Volviendo al tema laboral, cuando una persona deja un trabajo al encontrar una mejor opción, los demás la extrañan y deja un vacío. Estos son los casos típicos de trascendencia. Lo mismo sucede con las relaciones tanto de amigos como de pareja

En algunos casos y sin que nos demos cuenta; compartimos momentos con personas y amigos en algunas etapas de nuestra vida, luego desaparecen de nuestro entorno y olvidamos incluso sus rostros y nombres. Esto significa que en esta parte del argumento de la película de nuestra vida, dichos actores cumplieron su papel o carecían de importancia y no representaban ningún papel.

Sí, la vida es una película y cada persona su protagonista –desde su perspectiva personal cada quien crea su propio argumentos, drama o pasión, éxito o fracaso, dicha o tragedia, prosperidad o escasez–, donde lo importante es admitir que el cambio interno es la única manera de cambiar el entorno.

Traté de imaginar qué estaría pasando en el mundo de los vivos, qué fecha sería, qué estarían creando mis amigos o cuántos estarían estancados repitiendo las mismas lecciones y quejándose de lo aburrido de vivir. Igual que cuando alguien repetía un curso en el colegio y se quejaba del fastidio de estudiar. ¡Qué tedioso es repetir las mismas lecciones!

Sentimientos de reflexión y añoranza me acompañaban; en mi mente resonaban las palabras: "aprendes o repites" y, en aquel hermoso día, sólo atiné a soltar una nueva carcajada que, sentí, estremeció el cielo. Traté de ignorar lo que sentía y lo que fluía de mi mente; me propuse gozar ese momento mágico.

Me esforcé por concentrarme en el presente y fue una experiencia inolvidable. Descubrí el cielo, el nirvana, el paraíso. Nada me preocupaba. Sólo disfrutaba. Sentía cada cosa y veía cada panorama como una experiencia única y absolutamente incomparable.

RUNA 33
LA LEY DE LA SINCRONÍA

- Sincronía es el arte de estar en sintonía con lo que se vive y en la comprensión del porqué y el para qué de la vida.
- La sincronía de la vida te hace comprender que todo es perfecto; cada acontecimiento que atraes y cada persona que se cruza en tu existencia tienen un mensaje, una enseñanza y un sentido concreto en tu plan de vida.
- Sensibilizarte es entender cada mensaje.
- Tú obtienes las lecciones perfectas, en el lugar adecuado y con las personas correctas.
- La vida no procede con errores, ni azares porque el todo es perfecto.
- Entender la sincronía es despertar de la ignorancia para vivir confiando.
- La perfección de la vida te invita a admitir que todo encuentro, por casual o irrelevante que parezca, tiene un mensaje importante para ti.
- Tu familia, tus amigos, tu trabajo, el lugar donde vives, lo que eliges aprender o enseñar, todo hace parte de tu propia sincronía.
- La sincronía personal está condicionada por la sincronía grupal.
- Mirar al alrededor: renegar o rechazar lo que vives es un proceso inconsciente, por tanto niegas las lecciones de vida, por desconocimiento del cómo funciona la ley de la sincronía.

- Todo en el universo está conectado más allá de tus sentidos; cada pensamiento, palabra o acción tuyas buscan materializarse en el momento perfecto y en la situación adecuada. Esta es la ley de la sincronía en acción.
- La vida no procede a través de la voluntad, lo hace a través de la creación. Crea desde tus pensamientos, palabras y acciones y confía en que la ley de sincronía atraerá tus más hermosos sueños. Sólo necesitas despertar para acceder al idioma del universo y estar atento a las señales.
- El universo se interrelaciona a través de ondas y partículas, energía y materia. Todo está unido; no existe vacío ni separación en el espacio ni en el tiempo, lo cual es sólo ilusión de los sentidos.
- Tú formas parte de un todo y tus decisiones afectan el universo en general y el proceso de creación colectiva, aunque en algunos casos creas que se trata de algo insignificante.

EJERCICIO PARA CONFIRMAR TU APRENDIZAJE:

❖ Sé consciente de todo lo que atraes a tu vida.

Reconocí de inmediato que la gente llama sincronía a la perfección, precisamente porque se niega a admitir la perfección. Sólo se necesita mirar alrededor para ver que todo obedece a dicha sincronía. Basta analizar cualquier aspecto de la vida para descubrir que pertenece a una de esas causalidades perfectas; como, estar en un lugar a una hora determinada y encontrar una persona que inspira el deseo de conocerla y compartir con ella, y con el tiempo comprender que dicha persona cambió nuestra vida. Igual sucede cuando se llega a un nuevo trabajo o estudio.

Advertí que, aún sin saberlo en los momentos en que me sucedía, encontrar a una persona siempre tuvo un sentido en mi vida, por medio de ella tal vez llegué a otras o llegué a otros lugares o cambié favorablemente de opinión frente a decisiones importantes en mi vida. Por ejemplo, un día en mi ciudad natal –habitada por más de nueve millones de personas– al salir a una avenida principal, quise tomar un taxi que pasó de largo ignorando mis señales; después de renegar vi que a mi lado se encontraba un primo que no veía desde hacía más de 15 años, quien inmediatamente me reconoció. A partir de ese momento volvimos a compartir y el reencuentro se constituyó en un importante aporte al mejoramiento de su calidad de vida. Otro día, durante un viaje de Santiago de Chile a Miami, me detuve ocho días en Venezuela para estar con mi familia; al cuarto día mi hermano menor me pidió lo acompañara a un almacén en la mañana de un miércoles y allí conocí a quien luego se convertiría en mi esposa. En otra ocasión, mientras asistía a unas conferencias –dictadas por una señora que trabajaba con la problemática de las cárceles–, tuve la idea de hacer lo mismo. Tiempo después, dictar seminarios llegó a ser el trabajo que más colmaba mi espíritu.

Para percibir la sincronía basta con ser sensibles para aceptar que cada experiencia o persona que atraemos a nuestras vidas tiene un mensaje muy poderoso para nosotros y que descubrirlo o entenderlo es aprender el lenguaje más importante, el lenguaje de la vida. Ahora me preguntaba si realmente podría entrar en las 48 runas, o si habría algunas reservadas para niveles superiores de existencia. Esta vez no obtuve respuesta, tampoco me preocupé por ello; simplemente continué.

En medio de estas disertaciones pensaba que cada vez con más prontitud mi camino llegaba a su final; o tal vez, ¿sería el inicio? Y de repente me encontré en el umbral de la runa que contenía mi siguiente lección.

RUNA 34
LUZ Y SOMBRA

- Luz y sombra. Imposible abstraerte, o actúas en tu luz o en tu sombra.
- Elige invocar la luz para el bien mayor y los más altos fines en cada momento de tu vida y la confusión desaparecerá de tu existencia.
- Cuando invocas la luz, lo contrario al amor surge para ser sanado.
- Existen seres de la luz y seres de la sombra.
- La luz ilumina tu camino, te permite disfrutar más los aprendizajes y generar entendimiento desde ti; así, los problemas se tornan en situaciones que estimulan tu desarrollo espiritual.
- La sombra oscurece tu entendimiento, te persuade para creer que eres víctima de las circunstancias, te limita, entorpece tu caminar y te conduce hacia la depresión y la dependencia.
- La misión de los seres de la luz es guiarte desde tu sombra hacia tu luz; te invitan a conocerte, a descubrir el amor, el poder y la luz que llevas dentro.

- Los seres que habitan en la sombra se nutren robando tu energía, y te mantienen atado a cualquier vicio, te crean falsas emociones y te generan dependencia.
- Los seres de luz tienen una jerarquía. Arcángeles, creadores de los ángeles cuyo conocimiento del bien y del mal es absoluto; Elohínes, creadores de las formas y guías de los elementales cuyo conocimiento de la luz es del 75% y de la sombra del 100%; Maestros ascendidos, encargados de guiar la evolución espiritual de los planetas y quienes ya salieron del ciclo de la vida y la muerte, cuyo conocimiento de la luz es del 25% y de las sombras del 100%; y humanos cuyo conocimiento de la luz es del 5% y del 100% de la sombra.

EJERCICIO PARA CONFIRMAR TU APRENDIZAJE:

❖ Invoca la luz en cada decisión importante y cada día al despertar.

¿Luz, sombra, jerarquías? Todo era nuevo para mí. Por tanto, esta vez necesitaría muchas respuestas y mi yo sagrado estaba ahí para advertirme algo sobre esta runa.

– *Al iniciar un nuevo aprendizaje, el proceso consiste en recibir nueva información, rechazarla, cuestionarla y analizarla hasta que se hace la luz o la sombra en ella.*

– *No comprendo.*

– *Se hace la luz cuando entiendes la información, la compruebas y aplicas, y te conduce al resultado buscado.*

– Uno no aplica todo el tiempo toda la información.

– La información que no te sirve para mejorar tu calidad de vida o la de los demás sólo trae el fortalecimiento del reinado del intelecto en tu vida, si bien tiene la respuesta correcta, no te inspira a la acción, te hace soberbio en el ego que crea tus ilusiones, te aparta de tu luz y hace surgir la sombra en ti.

– Conozco gente que acepta la información sin problemas, sin comprobarla.

– Y de ello surgen los fanáticos, engendradores de discordia que van por la vida manipulando a los demás para ganar adeptos y, así, sentirse más seguros de aquello que sólo es teoría en sus vidas.

– ¿Puede uno pasar del fanatismo a la sabiduría?

– Sí, ya no serás un fanático, y no querrás que nadie te siga, ni convencer o tramar, porque ya se habrá hecho la luz en ti y habrá desaparecido la sombra.

– ¿Cuál es la precaución que debo tener?

– Ahora ingresarás a claustros que te aclararán mucha información aparentemente nueva, así que te invito a estar atento a los detalles y no negar nada; sólo di: "Por ahora no entiendo; ya llegará el momento en que se haga la luz en mí". La luz es reconocer la verdad.

– ¿Cuál es esa verdad?

— Que la oscuridad no existe, sólo es carencia de luz. Cuando afirmes en tu vida la verdad o invoques la luz, danzarás al ritmo de las leyes naturales y vivirás en propósito.

— ¿Qué papel juega el Espíritu Santo en las jerarquías?

— Es el nivel más alto de luz. Cuando lo invocas pides que tu vibración llegue al nivel más alto, que tus resultados cambien y tus deseos se alineen con la Voluntad Divina.

— ¿Y qué significa eso?

— Que todo lo debes desear y hacer desde tu espíritu santo.

— ¿Mi espíritu santo? ¿Tengo uno?

— Así como tú habitas en Dios y es imposible tu separación de Él, puedes invocar esa parte santa del todo que se alinea con el espíritu mayor, gran espíritu de la creación, y habitar en él.

— ¿Y Jesús, el Cristo?

— Es un maestro ascendido que vino a enseñar el poder del amor y activar la energía crística en los seres humanos.

— ¿Podrías explicarme mejor?

— Todos los seres tienen una energía crística que se encuentra en su corazón; al visualizarla activan la energía que crea el camino hacia la verdad y la vida; a través de ella creado y Creador son uno solo.

– ¿Él vino a enseñarnos que todos tenemos esta energía? ¿Antes la gente no lo sabía?

– Sólo unos pocos. Aún en estos tiempos muchos creen que la energía crística está fuera de ellos, aunque en teoría acepten buscar a Cristo en su corazón.

– ¿Cómo puede una persona activar correctamente esta energía?

– Primero, pedir ser perdonado por todo daño que haya causado por pensamiento, palabra, obra u omisión durante su eternidad, acuérdese o no de ello. Posteriormente, enviar su perdón a todas aquellas personas que le hayan causado daño. El perdón debe surgir desde el corazón, sin carga, con amor y comprensión.

– Y luego ¿qué sucede?

– Que cada vez sentirán más la presencia de Dios y sus sueños se materializarán más rápidamente. Muy pronto aprenderás algo mucho más novedoso para ti acerca de la luz; sabrás que la luz te influencia constantemente y que cada día la energía está influenciada por determinadas características de la luz. Un día podrás ver la cantidad y la calidad de energía que irradian los seres de todos los reinos y será un idioma universal y único donde la honestidad reinará.

Sentía el cerebro caliente y congestionado y mi corazón latía más aprisa. Quise descansar pero mi curiosidad pudo más que mi cansancio. Decidí continuar y sentí la misma emoción de un niño a punto de descubrir algo nuevo.

RUNA 35
PRIMER DÍA

- Día domingo. Influencia mayor del Sol, astro rey.
- Color azul. Todas las tonalidades del azul predominan este día.
- Arcángel Miguel, ser de mayor conocimiento de la luz y la sombra, cuya espada liberadora separa el bien y el mal.
- Elohín Hércules, conocido en la mitología como el dios de la fuerza, crea todos los elementales de este día.
- Maestro ascendido el Morya, uno de los encargados de la evolución espiritual del planeta Tierra. Antes de él ascender, sus más conocidas encarnaciones fueron el Rey Arturo, Santo Tomás Moro y Thomas Moore, el poeta inglés de siglo XIX.
- Do es la nota musical de la frecuencia de la energía de este día.
- Estos seres de luz habitan en el templo de Darjeerling, en la India.
- Fe, esperanza, felicidad, voluntad, protección, fuerza, coraje, perseverancia, disciplina y constancia son características que se obtienen al trabajar en la luz la energía que prevalece este día; en la sombra son desasosiego, voluntariedad, desprotección, temor, debilidad, renuncia, indisciplina y tristeza.

EJERCICIO PARA CONFIRMAR TU APRENDIZAJE:

> ❖ Siente las características positivas de este rayo al tiempo que haces conciencia de tu respiración en cualquier momento del día.

Antes de salir pedí a mi ser superior que me explicara. Esto era nuevo para mí.

– El día de la fuerza y la fe es el domingo. Si aprendes a respirar y visualizar este rayo alrededor de ti, tu inspiración y tu sabiduría vibrarán en otros niveles de conocimiento.

– Pero el domingo es para descansar, dormir hasta tarde y ver televisión.

– Es un error considerar que descansas porque dejas de hacer; descansas al cambiar de actividad. Amanecen más cansados quienes creen que se descansa al no hacer.

– Entonces, ¿qué es lo correcto?

– No existe lo correcto o lo incorrecto. Sólo que si el día domingo se sale a tomar el sol, hacer deporte y aprovechar el tiempo para nutrirse espiritualmente, se tendrá una semana con más energía de la que pueda producir un domingo frente al televisor.

– Cualquier otro día se puede hacer deporte, tomar el sol y nutrirse espiritualmente.

– Sí, lo que quise decirte es que el domingo es el mejor día para cargarte de energía.

Salí con la intención de entrar sin pausa y con celeridad a los siguientes claustros y ver todos los días sin interrupción; justo a la entrada quedé perplejo al ver un ángel dorado como un sol. Miré la runa que dejaba a mis espaldas y ¡oh sorpresa!, vi un ángel azul celeste. Quedé tan asombrado que me pregunté cuántos detalles habría pasado por alto y cuántos aprendizajes han quedado incompletos por no estar atento. No era momento de lamentaciones. Era necesario continuar.

RUNA 36
SEGUNDO DÍA

- Día lunes. Influencia mayor de la Luna.
- El color amarillo y todas sus tonalidades predominan este día.
- Arcángel Jofiel.
- Elohín Casiopea, conocido en la mitología como el dios de la sabiduría, crea todos los elementales de este día.
- Maestro ascendido Lanto, uno de los encargados de la evolución espiritual del planeta Tierra.
- Re es la nota musical de la frecuencia de la energía de este día.
- Los seres de luz que dirigen este rayo habitan en el templo de los montes rocosos que comparten Estados Unidos y Canadá.
- Entendimiento, conocimiento, sabiduría, inteligencia e iluminación son características propias en la luz que se obtienen al trabajar la energía que prevalece este día; en la sombra son orgullo intelectual, vanidad e ignorancia.

EJERCICIO PARA CONFIRMAR TU APRENDIZAJE:

❖ Siente las características positivas de este rayo, al tiempo que haces conciencia de tu respiración en cualquier momento del día.

– *Vamos por partes. ¿Cada día sólo tiene la influencia de una determinada energía?*

– *No. Toda la energía e influencias están todos los días. Sin embargo, para cada día existe una mayor influencia de determinada energía. Cada vez que de ti sale un pensamiento de duda, inseguridad o debilidad queda grabado con un color azul oscuro en tus auras o campos energéticos, atrayendo estas emociones a tu realidad de mundo. Cuando tienes fe, fuerza y voluntad se refleja en tus campos energéticos un color azul celeste que atrae hacia tu vida estos sentimientos. Estás aprendiendo el significado de cada color.*

– *Bien, y ¿Puedo sentir temor un día martes?*

– *Claro. Y esto también queda grabado en tus auras con el color azul oscuro. Lo que pasa es que al aprender en conciencia todo esto, puedes llenarte de la polaridad de mayor vibración de la energía de cada rayo justamente el día en que éste predomina.*

Frente a mí estaba la nueva runa y, en el umbral, un ángel color rosa; me miraba y su rostro y su sonrisa eran dulces y llenos de acogimiento.

RUNA 37
TERCER DÍA

- Día martes. Influencia mayor del planeta Marte.
- El color rosa y todas sus tonalidades predominan este día.
- Arcángel Chamuel.
- Elohín Orión, conocido en la mitología como el dios del amor y la atracción, crea todos los elementales del amor.
- Maestra ascendida Rowena, una de las encargadas de la evolución espiritual del planeta Tierra.
- Mi es la nota musical de la frecuencia de la energía de este día.
- Los seres de luz que transmiten estas enseñanzas al planeta Tierra habitan en el templo del castillo de la Liberté en Marsella, Francia.
- Amor, libertad, desapego y belleza son características propias en la luz que se obtienen al trabajar la energía que prevalece este día; en la sombra estas características son odio, libertinaje, dependencia y lujuria.

EJERCICIO PARA CONFIRMAR TU APRENDIZAJE:

❖ Siente las características positivas de este rayo a través de la conciencia de tu respiración en cualquier momento del día.

– Amor es sinónimo de desapego; sólo se empieza a amar cuando se deja de necesitar –me comentó–; por otro lado, se comienza a odiar inconscientemente a quien más se necesita. El amor nace de la libertad y sólo eres libre por medio de la disciplina. Eres esclavo de tus propias debilidades y de aquellos aspectos de tu vida carentes de disciplina –prosiguió como si no quisiera que yo hablase esta vez–. El rayo de la luz de este día te enseña a aceptarte incondicionalmente y a hacerte responsable de tus resultados. El amor nace de la eterna aceptación, propósito y servicio; aquí está el amor verdadero. Y sus contrarios como el apego, el libertinaje, los vicios o el odio también son cualidades de este día. Cuando la calidad de los pensamientos es mejor, la coloración de tu campo áureo tiende a ser rosa claro y más sutil; cuando sucede lo contrario su color es rojo intenso.

– ¿Por qué Marte, el dios de la guerra, rige este día?

– Porque el dilema de los humanos cada día de sus vidas es la guerra entre el propósito y el vicio. Respira las virtudes sagradas de este día para que te liberes de las cadenas que te atan a sucesivas encarnaciones, para hacerte libre, para que ganes la gran batalla o lo que el apóstol Pablo llamaba "el buen combate", para que conquistes tus luchas internas y te hagas consciente del poder de cada decisión

Algo dentro de mí me invitaba a callar y observar. Continué y frente a mí encontré un nuevo ángel, esta vez blanco. Supe que era tiempo de continuar.

RUNA 38
CUARTO DÍA

- Día miércoles. Influencia mayor del planeta Mercurio.
- Color blanco.
- Arcángel Gabriel.
- Elohín Amada Claridad, conocida en la mitología como la diosa de la luz, crea todos los elementales de este día.
- Maestro ascendido Seraphis Bey, uno de los encargados de la evolución espiritual del planeta Tierra.
- Fa es la nota musical de la frecuencia de la energía de este día.
- En el templo de Luxor en Egipto habitan los seres de luz que brindan sus enseñanzas al planeta Tierra.
- Creatividad, paz, pureza, ascensión y resurrección, características en la luz que se obtienen al trabajar la energía que prevalece este día; conflictos, muerte, guerras y maldad, características en la sombra.

EJERCICIO PARA CONFIRMAR TU APRENDIZAJE:

❖ Siente las características de este rayo mientras te haces consciente de tu respiración en cualquier momento del día.

Mientras caminaba hacia la siguiente runa recordaba que el Arcángel Gabriel fue quien anunció la llegada de Jesús a María; en consecuencia, me surgió la duda sobre cuál sería la religión correcta. ¿Quién tendría la verdad? Y, como si leyese mis pensamientos, mi yo superior me dijo inmediatamente:

—Todas y ninguna. Los líderes religiosos son inspirados por los maestros ascendidos siempre y cuando tengan el móvil correcto; ellos no discriminan religión alguna; en una misma religión pueden existir dos líderes, uno inspirado y otro no.

— ¿Y cómo sé quién está en lo correcto?

— Al salir de un templo debes confirmar que sales cargado de poder, amor y confianza; en la prédica debes sentir que el líder religioso te habla sólo a ti, se enfoca siempre en el bien mayor y busca que mantengas tu fe y sigas la luz de Dios, no a él. Los líderes no inspirados intrigan, generan dependencia, no predican el amor, manipulan el temor y la ignorancia de los demás y piden ser seguidos.

— Bueno, la verdad a mí me gustaría hablar con los arcángeles, ¿para qué intermediarios? Ellos son quienes más saben.

— Tus ojos no podrían ver sus ojos; su luz te cegaría. Además, jamás podrás comunicarte con un arcángel, su lenguaje no es el tuyo; ellos sólo se manifiestan desde la luz.
— ¿Entonces?

— Todo lo debes hacer a través de tu ser interno; cuando pides a la luz del Dios en el que habitas te comunicas con lo más sagrado que existe en el universo. Y por ley celestial, siempre que un hermano pide desde la luz, obtiene respuesta.

¿Mi ser interno? Entonces, ¿con quién hablaba? El profundo silencio que invadió el lugar sólo fue interrumpido por la majestuosa figura de un ángel verde, se encontraba en el umbral del siguiente claustro y me invitó a entrar.

RUNA 39
QUINTO DÍA

- Día jueves; influencia mayor del planeta Júpiter.
- Color verde; todas las tonalidades del verde predominan este día.
- Arcángel Rafael, considerado el médico del cielo.
- Elohín Cyclopea, conocida en la mitología como la diosa Vista, el ojo avizor que todo lo ve, crea todos los elementales de este día.
- Maestro ascendido Hilarión, uno de los encargados de la evolución espiritual del planeta Tierra y quien fuera en una de sus encarnaciones el apóstol Pablo.
- Sol es la nota musical de la frecuencia de la energía de este día.
- Desde el templo de la isla de Creta en el mar Mediterráneo los seres de luz imparten sus enseñanzas.
- Salud, verdad y afinidad por la música y las artes son características en la luz que se obtienen al trabajar la energía que prevalece este día; enfermedad, mentira y afinidad por las prácticas de las tinieblas son características en la sombra.

EJERCICIO PARA CONFIRMAR TU APRENDIZAJE:

❖ Siente las características de este rayo y hazte consciente de tu respiración en cualquier momento del día.

Alguna vez escuché que la Virgen María era llamada Celeste María por seres dedicados al estudio de todas esas doctrinas espirituales, y que su misión es ayudar con su energía a las mujeres en el momento de dar a luz para que puedan soportar una de sus pruebas máximas; que su energía, como la de todos los maestros ascendidos en meditación, cubre totalmente el planeta Tierra para que ellas puedan cumplir con este propósito.

Caminando al siguiente claustro recordé la devoción de mi madre por la Virgen María y la cantidad de testimonios que escuché en vida sobre sus milagros. ¿Sería todo tan simple que con sólo invocar la luz llegaría la respuesta?

Un destello de luz cegó mis ojos; provenía de una hermosa figura de ángel color rubí, el mismo color del sol de los venados, una mezcla de anaranjado, zanahoria, rojo y amarillo. Me hallaba ante la siguiente runa.

RUNA 40
SEXTO DÍA

- Día viernes; influencia mayor del planeta Venus.
- Color oro rubí, todas las tonalidades del rubí predominan este día.
- Arcángel Uriel.
- Elohín Tranquilidad, conocida en la mitología como la diosa de la prosperidad y la confianza, crea todos los elementales de este día.
- Maestros ascendidos Lady Nada, cuyo rayo de luz en otros tiempos fue dirigido por Jesús de Nazaret.
- La es la nota musical de la frecuencia vibratoria de este día.
- El templo donde los seres de luz imparten sus enseñanzas se encuentra en Siria.
- Prosperidad, confianza y paciencia, características en la luz que se obtienen al trabajar la energía que prevalece este día. Pobreza, desconfianza e impaciencia, características en la sombra.

EJERCICIO PARA CONFIRMAR TU APRENDIZAJE:

- ❖ Siente las características de este rayo mientras tomas consciencia de tu respiración en cualquier momento del día.

– ¿Jesús antiguo director de este rayo? Y ¿ahora qué hace?

– Es el maestro de maestros, director de los siete rayos.

– ¿Jesús, quien hablaba de pobreza, fue el director de este rayo?

– Sí, es el ser de mayor prosperidad que haya vivido en la Tierra; tenía la facultad de multiplicar panes y peces y de convertir el agua en vino. Cuando tú también seas capaz de hacerlo, estarás en un nivel superior. Para entonces no necesitarás chequeras.

– ¿Por qué no aparece en las runas el historial de los maestros ascendidos?

– Aparece, sólo que no lo advertiste, principalmente porque muchos de esos nombres no te dirían nada.

– ¿Un día todos seremos maestros ascendidos?

– Exactamente. Y también Elohínes y arcángeles.

– Yo supe de maestros que fueron ejemplos de vida pero murieron, ¿qué pasó con ellos?

– Simplemente que no eran maestros ascendidos; eran maestros o seres con mayor evolución que la tuya, con mayor capacidad de iluminar y de vivir en la luz, a quienes todavía les faltaba completar experiencias para ascender.

Aunque era bastante complicado todo este asunto – principalmente por la formación católica que recibí de mis padres, educados a su vez por monjas y sacerdotes–, estaba dispuesto a no rechazar esta información y a luchar para que mi terquedad no me atara en la sombra.

Al ingresar a la siguiente runa me acordé que en cada puerta siempre había un ángel y rápidamente lo busqué. Ahí estaba y su color era violeta.

RUNA 41
SÉPTIMO DÍA

- Día sábado; influencia mayor del planeta Saturno.
- Color violeta; todas las tonalidades de violeta predominan este día.
- Arcángel Zadkiel.
- Elohín Arturo, conocido en la mitología como el dios de la transmutación y el perdón, crea todos los elementales de este día.
- Maestro ascendido Saint Germain, una de cuyas encarnaciones fue José, padre de Jesús.
- Si es la nota musical de la frecuencia vibratoria de este día.
- El templo donde los seres de luz imparten sus enseñanzas se encuentra en Cuba.
- Transmutación, perdón, liberación y limpieza son características en la luz que se obtienen al trabajar la energía que prevalece este día; estancamiento, resentimiento y esclavitud son características en la sombra.

EJERCICIO PARA CONFIRMAR TU APRENDIZAJE:

❖ Siente las características de este rayo mientras haces conciencia de tu respiración en cualquier momento del día.

– *De este rayo necesitas aprender muchas cosas. Principalmente que ésta será la energía que predominará en los próximos dos mil años, igual que en los años anteriores predominó el sexto rayo, cuyo director fue Jesús; el avatar de estos nuevos tiempos será el maestro ascendido Saint Germain.*

– *Muchos esperan el regreso de Cristo y temen al impostor o anticristo.*

– *El maestro Jesús trajo tres enseñanzas concretas:*

- *Primera, que todo se resume en amar y el amor da sentido a todo, lección tan importante que por ella dio su vida como símbolo máximo del amor.*
- *Segunda, que en Dios, en la luz, en el Padre, todo se puede; "Id al Padre, mi Padre que es el vuestro" fueron sus palabras.*
- *Tercera, que la energía crística es el camino hacia la verdad y la vida y que debes buscar a Cristo en tu corazón. La gente espera que Cristo regrese y eso no sucederá; el regreso del Cristo se produce cuando cada ser lo descubre en su corazón. Negarse a buscarlo es ser un anticristo.*

– ¿Qué cambios tendrán estos nuevos tiempos?

– Finaliza la era del Hijo y comienza la del Espíritu Santo. Por tal motivo, la energía del planeta se hace más sutil, sus habitantes deben tener más amor en su corazón y enfocar su trabajo en el ser. Su enfoque será el de yo gano y tú ganas, la verdad se hará presente con más continuidad en cada momento de la vida y el desapego reinará como una manera de romper las cadenas que hemos creado con nuestros vicios. El caos reinará en cada persona hasta que descubra que debe buscar a Dios en su corazón y mantenga el templo –o sea su propio cuerpo– puro en pensamiento, palabra y obra. Este rayo acelera los procesos de aprendizaje de la humanidad, lo que significa que las lecciones deben ser aprendidas más rápidamente; cuando trabajas con este rayo recoges más rápidamente tus siembras.

– ¿Es lo que llaman nacer sin karma?

– Si no tuvieras karma no nacerías ni morirías, ascenderías y serías un maestro de luz. Gracias a la llama violeta muchas cosas que has hecho, te acuerdes o no de ellas, las recogerás más rápidamente.

Salí al camino después de esta última respuesta y vi una luminosidad y un paisaje tan infinitamente hermoso que no deseé continuar; presentía que la naturaleza algo festejaba. Me pregunté si todos los difuntos llegarían hasta estas runas y si podría uno quedarse, dependiendo del grado de evolución, en unas pocas runas. Sentí un poco de vergüenza al reconocer algo de engreimiento en estos pensamientos que invitaban a ufanarme, elegí ser parte de la celebración y disfrutar el momento. Empecé a danzar y a tararear de memoria canciones y apartes de grandes obras clásicas y coros celestiales ignoraba cómo surgían de mí; lo más sorprendente fue el disfrute que sentí al entonar el Aleluya de Händel, música que conocía pero no había estudiado.

Y delicada e imperceptiblemente la celebración me llevó frente a un hermoso arco iris custodiado por siete majestuosos ángeles de fulgentes colores, correspondientes cada uno a un rayo de luz de los claustros recorridos.

Parecía que el letrero tuviese un imán que mágica e incuestionablemente me conducía a la siguiente runa.

RUNA 42
TRABAJAR EN LA LUZ

- Vivir en la luz o en la sombra es una elección que debe renovarse cada día.
- Tu primer pensamiento y sentimiento, tu primera palabra y acción del día deben ser en la luz.
- Si eliges vivir cada nuevo día en la luz, manifiéstalo.
- La luz está presente en tu vida.
- Invoca la luz con la certeza que por ley del universo siempre obtendrás respuesta.
- La luz no podrá manifestarse si no la invocas, porque debe respetar la ley del libre albedrío, es decir, la capacidad de elegir tus propias lecciones y la forma de aprender.

EJERCICIO PARA CONFIRMAR TU APRENDIZAJE:

PASOS DIARIOS PARA VIVIR EN LA LUZ

- ❖ Conéctate con tu respiración sin forzarla, solamente siéntela. Cierra tus ojos y siente cómo ingresa el aire por tus fosas nasales.

- ❖ Siente tu corazón y su palpitar y visualiza cómo desde su centro surge una llama de luz violeta capaz de limpiar tu cuerpo físico; siente cómo esta luz recorre todo tu cuerpo de los pies a la cabeza; imagina que envuelve tus campos de energía, y ella se encargará de limpiarlos y de cambiar el registro de todo lo desequilibrado que pueda haber en tus auras física, mental y espiritual. Por último, envuelve con la llama violeta el lugar donde te encuentres y siente que queda totalmente limpio. Agradece a todos los seres de luz que te acompañan en este proceso, porque los veas o no, ahí están. Cuando invocas la luz, una legión de ángeles se hace presente, y si agradeces esta presencia sin verla, será una muestra muy alta de fe, creencia y convicción.

❖ Vuelve a tu corazón y saca del centro la luz azul celeste e imagina que se esparce como un globo alrededor de ti, y ella se encargará de protegerte de todo lo desequilibrador que quiera llegar hasta ti o puedas albergar, o.

- Crea tres triángulos; uno cuyos lados van desde tu coronilla al hombro izquierdo, de éste al hombro derecho y de éste a la coronilla; otro que va desde tu garganta a la parte izquierda de la cadera, de ésta a su parte derecha y de ésta parte a tu garganta; y un tercero de la coronilla al pie izquierdo, de éste al derecho y de éste nuevamente a la coronilla.

- Finalmente imagina que el lugar donde te encuentras está totalmente protegido por el rayo azul y de nuevo da gracias a los ángeles de este rayo por estar presentes y brindarte su apoyo.

❖ Invoca la luz del Espíritu Santo. Di "¡Invoco la luz del Espíritu Santo para que se haga presente aquí y ahora mismo y así todo lo que piense, sienta, hable, haga y cuanto me alimente este día sea para el bien mayor y los más altos fines!" Imagina que una luz blanca viene de lo más alto y te penetra, te envuelve y envuelve el lugar donde estás. Luego agradece con mucho fervor y el poder de esta frase te mantendrá todo el día en continua creación de afinidad con aquello que está registrado en tu plan divino.

❖ Vuelve a tu corazón y visualiza en él un sol, el sol del medio día, y reconoce que al poner tu atención ahí se activa en tu vida la energía crística, el camino hacia la verdad y la vida. Agradece al Cristo que habita en ti y declárale tu decisión de mantenerlo vivo en tu corazón. Esto te ayudará a escuchar más claramente la voz de tu corazón que es la voz de Dios.

❖ Visualiza en el centro de tu corazón una luz como la llama de una vela y podrás estar seguro que contemplas a Dios. Háblale con todo tu amor, con la convicción que para Él todo es posible, que no tiene límites de tiempo ni espacio, y que todo lo que le pidas con fe lo recibirás. Sigue cuatro pasos:

- Primero ríndete a Él diciendo "Señor, aquí estoy todo lo que soy, todo lo que he logrado, todo lo que he dañado, sin nada que nos separe".

- Segundo, agradece todo. El nuevo día, tu cuerpo físico, tu hogar y manifiesta la intención de vivir tu vida en propósito y cualquier deseo que tengas estará subordinado a la voluntad de Dios.

- Tercero, pide con claridad, formula exactamente lo que deseas y con la seguridad que tus oraciones

> son escuchadas y, así, se harán realidad en el momento adecuado, en el lugar preciso, bajo la gracia y de manera perfecta; y, por último.
>
> - Da gracias al Padre por haberte escuchado, cuanto más agradezcas más claridad habrá en ti sobre las bendiciones y, así, sabrás que ya te han sido dadas.

— Debes tener claro que así como cuando se prende una lámpara para obtener luz pueden llegar bichos o animales, cuando enciendes la luz en tu vida, entidades de menor evolución pueden llegar a ti para alimentarse y robar tu energía. Eso dejará de suceder cuando tu luz sea tan intensa que ellos no osarán acercarse a ti porque simplemente se desintegrarían.

— ¿Tratas de asustarme?

— No. Debes saber que cuando inicias tu sendero hacia la luz ya no hay regreso, aunque haya momentos en que elijas trabajar en tu sombra y en los cuales el caos reine en tu vida para recordarte que debes volver a tu luz.

Miré hacia atrás y me asaltaron mis miedos, temores, angustias, enfermedades, pobreza. Una opresión en mi pecho me impedía respirar; sentimientos depresivos, una gran desesperación y deseos de huir inundaron mi ser.

Súbitamente una luz blanca me envolvió, desaparecieron estas emociones. Quizás mi ser interno quiso mostrarme las emociones que nos apresan cuando elegimos apartarnos de su luz y entrar en nuestra sombra.

– A esa sombra me refiero –dijo mi yo superior como si adivinara–, *aquello que te mantiene en el maya de la ilusión, te hace débil y dependiente, y te lleva a creer que no eres responsable de tus resultados sino víctima de algo externo. Sé que en algunos momentos eres víctima de ti mismo y de tu ignorancia, y de eso se trata esta runa, de ingresar al maravilloso universo de la luz o lo que algunos llaman de la magia blanca.*

– ¿Cuándo debo invocar la luz?

– Todos los seres humanos se han preguntado siempre lo mismo. Con un poco de sensibilidad lo sabrías. La vida se renueva continuamente, por lo que debes estar en la luz cada instante de tu vida. Al igual que la naturaleza se renueva cada día, debes renovar tu intención de vivir en la luz, lo que puedes hacer en cada nueva elección importante que realices en tu vida, en cada nuevo mes, nuevo año y en cada nueva experiencia. Manténte en la luz y renueva cada día tu decisión de vivir en ella y así la llama de tu luz será más intensa.

– ¡Tantas bendiciones y tan poco utilizadas! Desperdiciadas porque se ignora que existen.

– Sí, y hay más bendiciones. Puedes trabajar con el rayo de luz que desees el día que quieras; para hacerlo debes llenarte de la luz de un rayo determinado e invocarla con un pedido concreto: "Invoco la luz de la prosperidad para que el dinero fluya en mi vida, constante, abundante y legalmente" o "Invoco la luz de la salud para que mi cuerpo viva sano, joven, esbelto y vigoroso" y así se hará. En ambos casos, tus campos magnéticos se llenarán de las coloraciones respectivas y en la frecuencia apropiada. Otra manera es

visualizarte dentro de ese rayo de luz específico y en las noches antes de dormir pedir ser guiado al templo de luz que corresponde a ese día para aprender todo lo referente a ese rayo; y así será. Aunque al despertar no te acuerdes de nada, debes confiar que estuviste en ese lugar y que te llenaste de su energía y, luego, la magia de la vida, lo que a veces llaman causalidad, empezará a rodearte y sorprenderte día tras día.

Sólo podía concluir que para aprender, aplicar, crecer y cambiar también se me había hecho tarde. Al llegar a la nueva runa me detuve en la puerta para mirar el color del ángel, y advertí que en este claustro no había un ángel guardián o al menos no lo podía ver. Entré lentamente y caí en cuenta que en otras runas tampoco había visto ángeles.

RUNA 43
LA NUEVA ERA

- La Nueva Era es época de luz, amor, fe, sabiduría, prosperidad y poder.
- Es la era del Espíritu Santo.
- Son tiempos en que el ejemplo reinará y decaerá el poder de la charlatanería.
- El discernimiento será tu herramienta secreta.
- En estos tiempos se debe vivir según la premisa "yo gano, tú ganas" y en la excelencia.
- El mejoramiento humano se enfocará en el ser y en aquello que perdura como humildad, perseverancia, honestidad, tolerancia, constancia.
- Ésta es una era de libertad durante la cual será evidente que sólo la disciplina te hace libre y el libertinaje te esclaviza.
- En la Nueva Era debes vivir en propósito y servicio, y reconocer que el camino debe ser guiado por la luz divina.
- El ejemplo no será lo más importante, sino lo único importante.
- Las personas trabajarán en beneficio de ellas mismas, sus familias, su trabajo, la sociedad en la que viven y el planeta en general. Será una sociedad totalmente ecológica.
- Sobrevivirán sólo las religiones que inviten a practicar lo que se predica y cuyos líderes sean ejemplo de luz.
- Las empresas deberán trabajar en beneficio de los dueños, los empleados, los clientes y el medio ambiente.

- Todo lo oscuro saldrá a la luz pública, nada queda oculto cuando se vive en la luz.
- En la Nueva Era, considerada la era del destape, necesitas actuar, pensar, hablar y sentir sabiendo que todo lo que hagas, pienses, hables y sientas va a salir a la luz pública, porque así será.
- Los seres humanos comprenderán su poder y se harán responsables de él, eligiendo vivir en la luz del Cristo.
- Serán épocas de cambio y caos, hasta que cada ser encuentre la luz de Dios en su corazón, comprenda y acepte que está condicionado por leyes naturales con las que requiere alinearse.
- Al comenzar la Nueva Era habrá gran proliferación de religiones; sin embargo, al finalizar sólo quedará las que se basen en la luz, el amor y el poder que todos los seres humanos llevan en su corazón.
- La Nueva Era no es una nueva religión, es un nuevo estilo de vida cuyo pensamiento dominante es el bien mayor.
- Existirán cristianos de la vieja o nueva era, al igual que católicos, mahometanos, testigos de Jehová y fieles de las demás religiones, la diferencia es que en la Nueva Era la prédica se hará con el ejemplo.
- Habrá tantos cambios en todos los aspectos en la Nueva Era que será difícil creer que antes se hubiera vivido sin la nueva tecnología. Casi inevitablemente se producirán cambios radicales cada 20 años durante los primeros 100 años.
- Los problemas mundiales y el caos se explican en razón que el planeta se prepara para nuevos tiempos, una transición que se completará una vez sus habitantes elijan cambiar en sus vidas todo lo que es contrario al amor. Tomar o no esta decisión con

conciencia es algo temporal, ya que inevitablemente el universo los llevará hacia allá.

@ Una nueva era donde el amor y la luz reinen es el cambio obligado en estos nuevos tiempos. Quien no se prepare y voluntariamente no haga la transición entrará en sus propias batallas internas para ser guiado inexorablemente al cambio.

EJERCICIO PARA CONFIRMAR TU APRENDIZAJE:

❖ Enseña con el ejemplo.

– ¡Qué equivocado estaba en relación con la Nueva Era! Creía que era algo demoníaco, una nueva religión del libertinaje, la magia negra, los amuletos y una cantidad de charlatanería más, y que el anticristo era su guía.

– La Nueva Era es un cambio en todos los aspectos de la vida en la Tierra.

– ¿Cuáles, por ejemplo?

– Las rupturas. Todo aquello a lo que estés atado o de lo que dependas será apartado de ti y se te invitará a entrar en una conciencia mayor de confianza y libertad, puede ocurrir, por ejemplo, en relación con el trabajo, la relación de pareja, la posesión económica o los vicios.

– ¿Debo inferir que son bienvenidas las separaciones, el final de los matrimonios y las quiebras en nuestros negocios?

– Esa rigidez de pensamiento sólo bloquea tu entendimiento. Entiende que todo lo que limite tu crecimiento o te estanque partirá de tu vida. Si tu relación de pareja se basa en el amor y el respeto mutuo, si cada quién vive su propósito y ninguno es una pesada carga en la evolución del otro, esa relación permanecerá en el tiempo. Si trabajas por miedo a no tener y sientes que en dicho escenario no pones al servicio de la humanidad toda tu capacidad, muy seguramente perderás el empleo; por el contrario, si sientes plenitud en lo que haces y con tu trabajo vives en el bien mayor, sabrás que si se acabó ese trabajo es porque el universo te prepara algo mejor. Si la visión de tu empresa es la excelencia y el servicio para bien de sus empleados, socios, clientes y el planeta en general, cada día será más próspero. Recuerda, en esta era se vivirá en confianza con dos conocimientos fundamentales, que todo sucede para tu bien y que cualquier cosa es posible.

– ¿Todo lo que me esclavice, estanque o limite se apartará de mí?

– Sí, al igual que todo lo que te genere apego y dependencia.

– Generalmente uno crea dependencia de los hijos, luego ¿debo apartarme de ellos?

– Vive en libertad, esto es, con disciplina y sin apegos. Reconoce que sólo te pertenecen las lecciones aprendidas en el camino y todo lo demás es prestado, padres, hijos, trabajo y pertenencias materiales. Si observas con cuidado descubrirás que las áreas de tu vida donde no hay disciplina te tienen esclavizado. Así que disfruta de todo constantemente, sin aferrarte a nada para, así, erradicar el dolor de tu vida. Para ilustrarte escucha una historia. Había una vez una *señora que tenía cuatro hijos y el mayor murió a la edad de veintiún años; durante la velación dijo a sus otros hijos, quienes lloraban la muerte del hermano, que en lugar de llorar y quejarse por su partida, aprendieran a agradecer y elevaran con ella esta oración: 'Señor, Tú, Creador del cielo y de la tierra, Tú que conoces la razón real de todas las cosas, has decidido que mi adorado hijo regresara a tu regazo y, como es tu voluntad, lo acepto. Aprovecho este momento para agradecerte me lo hayas prestado por veintiún años, amén.' Un profundo silencio inundó el lugar y se acabaron los lamentos, recordaron, como debemos hacerlo siempre todos que en el universo ni una sola brizna de hierba se mueve sin la voluntad de Dios.*

– ¿Cuál es, en resumen, la mejor definición de la Nueva Era?

– Es una era de renacimiento, reinará el bien mayor, el discernimiento, la enseñanza con el ejemplo y la confirmación del poder ilimitado de los seres humanos, quienes, gracias a una estrecha relación con Dios y a la confianza constante en su guía, crearán cada vez mejores formas y más fáciles de hacer las cosas, basados en el amor a sí mismos, al prójimo y a su trabajo.

Me hubiera gustado estar en la Tierra porque los nuevos tiempos eran realmente prometedores. Me concentré en los movimientos de mi cuerpo y me sentí muy liviano; el sonido del contacto de mis pies con el aire me producía felicidad.

–*¿Qué tanto me faltaría aprender?*

–*Todo sobre la eternidad* –fue la respuesta inmediata.

– Las últimas runas se relacionan con los aprendizajes más recientes y por ser información nueva tal vez necesitarás más tiempo para su real aprehensión.

– ¿Qué tan nuevas pueden ser estas runas para mí?

– Son las únicas que no has repetido, aunque has trabajado en ellas. En tu última vida en tercera dimensión ingresaste a su conocimiento profundo y te preparabas para alcanzar un grado de mayor sabiduría en cada una. Estas materias parecen nuevas para ti, así como cuando aprendías álgebra ya tenías información de matemáticas básicas.

– ¿Eso significa que las anteriores ya las había visto?

– Sí, tu proceso de aprendizaje en las runas anteriores comprende varias vidas, algunas de éstas más de lo que puedas imaginar. Los temas que más dominas son los que más has trabajado y los más fáciles de comprender. El erudito simplemente ha dedicado mucho tiempo al trabajo; en algunos casos lleva muchas vidas en el aprendizaje de lo mismo y en la adquisición de experiencias variadas en relación con este aspecto que lo conducen a grados superiores de maestría en el tema.

– ¿De ahí vienen los niños genios?

– Sí, antes de nacer Mozart y Beethoven eran seres con muchas vidas anteriores dedicadas a la música.

– ¿Y yo un día seré un gran músico?

– Exactamente. Serás "un gran" en todos los aspectos de la sabiduría humana.

Cada vez sentía que el arte de vivir y caminar hacia la luz requería mayor responsabilidad de la que jamás me había imaginado. Lo importante era no resentirme ni afanarme, todo me llegaría al debido tiempo. Reconocí que aplicaba con más naturalidad la ley de la aceptación, ahora sin sentimientos de culpabilidad.

RUNA 44
LA MUERTE

- La muerte es una renovación natural del cuerpo físico.
- Tú eliges padres, tiempo de vida, sexo; también cuarenta y ocho runas o aprendizajes que se convertirán en tu propósito en la vida.
- Sales del ciclo de vida y muerte cuando todas tus creaciones se hallen alineadas con las leyes naturales y siembres en la luz, el amor, la sabiduría y la justicia. Entonces nacerás, crecerás y no morirás, lograrás tu ascensión. Serás un maestro ascendido.
- Así como al iniciar clases en el colegio pueden plantearse cuatro futuros posibles, finalizar y aprobar, finalizar y reprobar, salir expulsado o retirarse antes de finalizar, puedes morir de muerte natural y cumplir, de muerte natural y no cumplir, de muerte incidental o de muerte por suicidio.
- Aunque toda persona, independientemente de su tipo de vida o de muerte, siempre está en Dios –es parte de Dios y en ningún momento de la eternidad puede separarse de Dios–, en los tres últimos tipos de muerte su vibración es tan densa que no logra percibirlo. Lo mismo sucede en vida a muchas personas que, aunque están en Dios, mentalmente se desconectan de Él y se niegan a percibirlo.
- Muerte natural y cumplir es una experiencia plena y maravillosa. Es un reencuentro cara a cara con el Creador y con quienes murieron antes, un análisis de lo actuado desde la plenitud y una selección consciente

tanto de las nuevas materias por aprender como de los padres, tiempo de vida en tercera dimensión, sexo y 48 nuevos aprendizajes o runas. Quien por su evolución esté preparado para esta muerte no le temerá y será capaz de presentir el momento de su llegada.

- Muerte natural y no cumplir es el tipo de muerte de quien vive la mayor parte de su vida fuera de propósito. Experimentan la muerte como quien se rinde ante un hecho sin desearlo y con el sentimiento de no tener opción. Es un reencuentro consigo mismo y su conciencia y con quienes murieron de muerte natural y tampoco cumplieron. Desde el arrepentimiento se analiza lo actuado y se toma la decisión consciente de repetir las materias para aprender; se seleccionan los padres, el mismo tiempo de vida en tercera dimensión, el mismo sexo y las mismas 48 runas. No se está preparado para esta muerte y, por ende, se le teme no se le presiente.

- Muerte incidental, propia de quien sin desearlo murió antes de culminar el lapso de tiempo que había elegido vivir, decisión tomada inconscientemente por vivir fuera de propósito e interrumpir la evolución de otros seres humanos; propia de quien se rinde a una experiencia sin aceptarla y con el sentimiento de no tener opción. Es un reencuentro consigo mismo y su conciencia y con quienes murieron de muerte incidental y tampoco cumplieron. Se desea aplazar la autoevaluación y permanecer atado a la tierra; inevitablemente se analiza lo actuado y sobreviene el arrepentimiento, a raíz de lo cual se toma la decisión consciente de repetir las materias de aprendizaje; se seleccionan los padres, el mismo tiempo de vida en tercera dimensión, el mismo sexo y las mismas 48 runas. Para este tipo de muerte no se está preparado, por lo que se le teme y no se le acepta ni presiente.

- Muerte por suicidio. Quitarse la vida crea un arrepentimiento constante, se desea que todo sea un sueño, con el sentimiento de no tener opción; es un reencuentro cara a cara consigo mismo y sus desequilibrios, un sufrimiento continúo del que no se puede liberar. Después de mucho sufrimiento continúa su proceso desde el arrepentimiento; luego se realiza un análisis de lo actuado y se toma la decisión consciente de repetir las materias para aprender y nunca jamás volver a quitarse la vida; se seleccionan los padres, el tiempo de vida en tercera dimensión, sexo y 48 runas. Quien llega a la muerte por este camino pasa por una experiencia muy dura y dolorosa, después de la cual jamás volverá ni siquiera a pensar en quitarse la vida y valorará más cada segundo de su próxima existencia.

EJERCICIO PARA CONFIRMAR TU APRENDIZAJE:

❖ Vive cada día como si fuera el último de tu existencia.

– *En vida conocí gente muy buena que murió accidentalmente; ahora resulta que quienes así murieron fue porque no aprendían ni dejaban aprender a los demás, y por tanto fueron echados de la vida.*

– *No, lo que dices es un error de interpretación, porque el tipo de muerte nada tiene que ver con la forma de morir, tiene relación únicamente con el tiempo de vida escogido. Ejemplo, si alguien seleccionó un lapso de 70 años para aprender y cumplir su propósito y muere antes por su propia voluntad es un suicidio; si muere sin su voluntad, es muerte incidental. Tú jamás sabrás qué tipo de muerte le correspondió a cada ser, eso sólo lo sabe el que muere.*

Colegí que nacer y vivir es una oportunidad de aprender y que yo me encontraba en mi propia evaluación antes de volver a seleccionar mis próximas runas. Recordé la historia de un señor a quien se le apareció la muerte y al ver su cara de angustia simplemente le dijo "¡Qué raro, habíamos quedado de encontrarnos hoy, pero en otro lugar!" Acto seguido, él huyó de ahí y se dirigió a su pueblo natal; ya en casa de sus padres, entró a su alcoba y se acostó en su antigua cama que sintió más cómoda que nunca. La muerte se le apareció de nuevo y dijo "¡Éste sí es el lugar donde debíamos encontrarnos!". Y, dicho esto, el hombre murió.

Infiero que no se nace ni se muere un día antes o un día después, no entiendo por qué se me acabó el tiempo en la Tierra ese preciso día; siento injusto que no se nos avise con anterioridad algo tan trascendental. ¿O quizá sí se nos avisa y somos tan insensibles que no alcanzamos a percibir las señales del universo y su lenguaje?

Una duda me acompañó camino a la siguiente runa. ¿Qué tipo de muerte tuve? Un escalofrío recorrió mi cuerpo y preferí ignorar la respuesta, lo único que hice fue acelerar el paso y escuchar el sonido del viento que me distraía de este sentimiento. Afortunadamente ya me encontraba frente a mi siguiente lección.

RUNA 45
ALMAS GEMELAS

- Yin y yang, negativo y positivo, femenino y masculino hacen parte de una totalidad llamada átomo electrónico.
- Ese átomo electrónico en esencia es amor, justicia y sabiduría.
- El yin y el yang se separan para iniciar el proceso de autoconocimiento y cada una de esas partes es lo que conoces con el nombre de Yo Superior.
- Al pedir la luz se puede invocar parte y contraparte, Padre Dios y Madre Dios.
- En el proceso evolutivo, en algunas vidas se encuentra ese ser cuya luz es la contraparte de tu ser interno o yo superior. A estas dos partes de la misma luz se conoce como almas gemelas.
- En algunas vidas no es necesario encontrarse con el alma gemela, en busca de ella se aprende a dar amor incondicional.
- Los reencuentros con el alma gemela pueden suceder después de muchas vidas, en cuyos casos son la relación de pareja ideal o también puede tratarse de una relación corta e intensa que apoya el avance evolutivo.
- Cuando se encuentra el alma gemela, tu corazón lo reconoce sin interpretaciones ni vacilación, simplemente lo sabe.
- Un día, después de muchos aprendizajes, sabrás exactamente dónde se encuentra y quién es tu alma gemela.

❧ Después de tu ascensión como maestro de luz volverás a encontrar tu alma gemela y te unirás a ella para siempre, y será cuando se cumpla el mandato "Lo que Dios une, el hombre no podrá separar jamás".

EJERCICIO PARA CONFIRMAR TU APRENDIZAJE:

- ❖ Limpia tus campos energéticos con la llama violeta.

- ❖ Protégete con la llama azul.

- ❖ Pide la luz del Espíritu Santo para el bien mayor y los más altos fines.

- ❖ Visualiza la energía crística en tu corazón.

- ❖ Visualiza la luz como la llama de una vela, en el centro de tu corazón, ella expresa tu ser superior.

- ❖ Invoca la esencia de tu alma gemela, esté donde esté, para que se haga presente en ese momento y lugar. Visualiza la luz de ella frente a ti y genera un puente de luz color rosa, la luz del amor ¡Que esta luz salga de tu corazón y llegue a su corazón!

- ❖ Háblale. Manifiéstale los sentimientos que estén presentes; luego despídete y manifiéstale que en el momento perfecto y en el lugar adecuado se volverán a encontrar.

Siempre solícito —pensé yo— mi ser superior me aclaró que este simple ejercicio me ayuda a ser libre para compartir con otras parejas y cerrar mis ciclos emocionales sin dejar ligas kármicas.

¿Dónde estará en este momento mi alma gemela, por qué experiencias estará pasando y cuáles serán sus aprendizajes? Alguna vez leí que hay vidas en que somos tan desalmados, agresivos y atroces que nuestra alma gemela decide apartarse de nuestro lado y esperar otro periodo de vida para el reencuentro.

Queriendo enterarme más sobre mi alma gemela, elegí salir de esta ruta de aprendizajes continuos y hacerme a un lado en este nirvana o paraíso y encontré un lugar hermoso. Me senté en medio de un jardín multicolor justo encima de una piedra diseñada como para meditar. Allí practiqué el ejercicio de esta runa y sentí que realmente estaba frente a ella; dije tantas cosas y escuché tantas otras que no puedo presumir que esto sea sólo un juego de mi imaginación; tal vez la ley de la sincronía nos permitió unirnos en nuestra eternidad para compartir ese instante mágico.

Mientras caminaba pensé que nuestra promesa de reencontrarnos hecha durante esa meditación se realizaría muy pronto. Mi corazón palpitó más aprisa y sentí mariposas que revoloteaban en mí; sensaciones de adolescente enamorado surgían desde lo más profundo de mi ser.

RUNA 46
INMORTALIDAD FÍSICA

- Jamás mueres; sólo cambias de cuerpo o vehículo.
- Lo mejor que has sido y lo peor que puedes llegar a ser es lo que hoy eres.
- Vienes de ignorar quién eres y te diriges hacia tu conocimiento total, hacia la sabiduría, hacia tu luz.
- Todo va en evolución; todo mejora constantemente aún cuando no lo puedas percibir y tus juicios internos te hagan pensar otra cosa.
- Es justo que cada átomo que conforma el todo pueda ir en la corriente de su propia evolución o autoconocimiento
- Para el Creador de la vida no es mejor ni peor que alguien esté en niveles superiores o inferiores de aprendizaje; para Él todos son aprendices.
- Al existir varios ciclos vitales tienes la oportunidad de aprenderlo todo. Si en un ciclo no aprendes, repites y si repites ese periodo se tornará aburrido.
- Vivir o morir es una elección en los niveles superiores de conciencia.
- Estás atrapado en los ciclos de vida y muerte hasta que todas tus siembras sean equilibradas.
- Cosecharás todo de cuantos pensamientos, palabras y acciones hayas sembrado en todas tus vidas, y cuando termines de recoger tus cosechas te convertirás en un maestro ascendido.
- Maestro ascendido es aquel que fue responsable de todas sus creaciones y hoy elige sembrar sólo luz. Nace y crece, no se reproduce ni envejece, sólo trasciende;

no le ven morir y, en adelante, su misión es guiar hacía la luz a sus hermanos de menor evolución.
- @ La necesidad o la obligatoriedad de morir es un pensamiento que no te has permitido cuestionar.
- @ Lo que crees, eso es. Si piensas que la muerte es inevitable, tu cuerpo te apoyará incondicionalmente y producirá enfermedad, vejez y muerte.
- @ La inmortalidad física te invita a ser feliz en tu existencia de manera responsable.

EJERCICIO PARA CONFIRMAR TU APRENDIZAJE:

❖ Ve la vida como un juego infinito, donde todo lo que siembras lo recoges en el tiempo de Dios que es perfecto.

– Qué sentido tiene nacer y morir repetidamente si no nos acordamos de nada de lo vivido... Tal vez lo mejor es ser inmortal físicamente.

– Recuerdas la lección que aprendiste pero no textualmente. Así como sabes sumar y no recuerdas los ejemplos que te enseñaron.

– ¿Eso significa que yo ya aprendí a no matar?

– Exactamente. A fuerza de quitarles a otras personas la oportunidad de aprender y de ver cómo te la quitaban a ti, un día te aburriste de ese círculo y cambiaste tus siembras.

– Si uno escoge padres, sexo, aprendizaje y tiempo de vida ¿para qué vivir si todo ya está predeterminado?

– *Tú eres el creador de tu propia película llamada vida. Seleccionaste a tus padres, lo que necesitabas aprender en vida y los ejemplos con los que aprendiste; tú mismo te limitaste o te expandiste. Cuando fuiste a la universidad sabías qué materias cursarías y, sin embargo, lo que le daba sentido a estudiar era exactamente lo que ibas a aprender en clase. Igual es la vida.*

– *Pero uno podría cometer errores que antes no cometió; luego, existe la involución.*

– *No. Una vez aprendida, la lección queda para siempre. Eso sí, la ley de la reversibilidad se encarga de verificar que no pases al siguiente aprendizaje hasta no haber completado el anterior y si cometes nuevos errores estarás frente a nuevos aprendizajes.*

– *¿Y es posible haber sido rico y ahora pobre, o mujer y ahora hombre?*

– *Sí, porque si existiera una sola vida no habría justicia. Unos serían privilegiados y otros no, en tanto el ciego y el vidente, la mujer y el hombre, el rico y el pobre, el sano y el enfermo no tendrían la misma oportunidad de experimentar. Las cosas eternas permanecen; dicho de otra manera, si acumulaste dinero por miedo a la pobreza, tal vez escojas aprender a vivir sin él; si ya aprendiste a vivir en prosperidad, eso es algo que te pertenece eternamente. Si trabajas en vida en el ser, tus aprendizajes permanecerán, podrás volver a crear, superarás los resultados anteriores y tu calidad de vida mejorará continuamente, dominar la materia es sinónimo de evolución; recuerda, dominar, no depender. Por el contrario, lo que se relaciona con el hacer y el tener desaparece al morir.*

– ¿Quieres decir que un día todos seremos seres de luz, maestros ascendidos?

– Exactamente, aunque para entonces existirán nuevos alumnos en niveles inferiores de aprendizaje y tal vez para entonces hayan pasado miles de millones de años.

Callar fue una buena decisión, reflexionar me ayudó a interiorizar los aprendizajes de las runas, los diálogos con mi ser interno me confrontaban y me exigían, después de cada reencuentro, dedicar un tiempo a la reflexión. Consciente de todo lo que me decían, era lógico, decidí continuar hacia el siguiente claustro, no sin antes maravillarme con este fantástico lugar de bellos paisajes y sonidos del silencio, aunque parezca una absurda paradoja, eran sonidos en el silencio. Me pregunté por qué pasaba tan deprisa por este lugar tan perfecto en todo; ¿acaso quería llegar a algún otro lugar? Disminuí el paso y me encontré frente a mi siguiente lección.

RUNA 47
EL PODER DEL AMOR

- Amor es el resultado de la aceptación, el propósito y el servicio.
- Sólo el amor da sentido a tu existencia. Ama tanto el momento de la siembra como el de la cosecha.
- El poder del amor te aleja de ese mundo habitado por los muertos en vida, a quienes la ilusión de la competencia angustia su corazón.
- Podrás manifestar el verdadero amor a través de la pureza de tu corazón.
- Ama a tu prójimo como a ti mismo. Por lo tanto, primero ámate porque nadie puede dar de lo que no tiene.
- El momento para amar es el presente. Vive cada instante de tu existencia con amor.
- Hagas lo que hagas, hazlo con amor o no lo hagas.
- Del rechazo, los vicios y el egoísmo surge el odio; no permitas que esos virus dañen tu corazón.
- Ama incondicionalmente. Así como Aquel que te creó no te impuso condiciones para hacerlo.
- Amor es sinónimo de libertad. Libérate de todo lo que te esclavice.
- Continuarás encontrándote una y otra vez con las personas que rechazas hasta que aprendas a amarlas.
- Al cerrar tus ciclos se incrementará tu energía y la mejor forma de hacerlo es por medio del amor.
- Todos los aprendizajes se resumen en amar.
- Empiezas a amar a alguien cuando dejas de necesitarle.
- Rechazas inconscientemente a quien más necesitas.

- Es diferente amar a enamorarse.
- Amas al darlo todo sin esperar nada a cambio.
- Te enamoras al compartir tiempo, espacio, problemas y admiración.
- Cuando tú amas es Dios quien ama por intermedio tuyo.
- Ama todo tu pasado, los recuerdos, las experiencias vividas, las desilusiones, los aciertos, los fracasos, tus días de soledad y los de compañía, los de prosperidad y los de escasez. Aparte de amar tu pasado sólo tienes la posibilidad de aprender de él.
- ¿Cuándo es tarde para amar? Cuando no amas el presente, ya que nunca regresará.

EJERCICIO PARA CONFIRMAR TU APRENDIZAJE:

> ❖ Ama incondicionalmente.

Mi primera y más apresurada conclusión es que me había enamorado muchas veces pero poco había amado.

Evoqué una hermosa época de mi vida. Paisajes multicolores y sensaciones de bienestar, plenitud y gozo... Sí, estaba enamorado; todo era color de rosa; de repente todo tomaba sentido en mi existencia, salí de la monotonía hacia la bella experiencia de vivir. Ella era una mujer cuyo rostro reflejaba la conclusión del mundo en un instante; tan tierna, tan humana, tan completa en sí misma que todo lo que un hombre soñase de una mujer en ella habitaba.

Nuestro encuentro fue realmente un reencuentro; sentí, en lo profundo de mi ser, que la había conocido en otras vidas. Su dulce rostro reflejaba el despertar del día; su presencia me estremecía, mariposas revoloteaban en mis entrañas y mi cuerpo temblaba. Su voz resonaba en mi mente con mensajes del más allá, presentimientos e invitaciones a confiar en que despertaba a una nueva experiencia pletórica de felicidad que debía vivir, estaba escrito en el libro de la vida.

Fue fácil iniciar nuestra conversación, como sucede cuando dos personas se vuelven a ver después de mucho tiempo y en el reencuentro sienten la necesidad de contarse lo sucedido desde la última separación. No había duda que, más allá de los límites del tiempo y del espacio, ya la conocía, aunque no sabía en qué lugar ni momento de mi existencia eterna.

A través de ella aprendí a amar; a descubrir y acoger la fórmula que expresa el enamoramiento de las parejas, compartir un tiempo, un espacio y unos problemas; con una alta dosis de admiración por la otra persona. Era interesante poner a prueba esta fórmula. Siempre qué el espacio sea más reducido, se comparta más tiempo, haya más problemas y se tenga mayor admiración por la otra persona, se incrementa el enamoramiento; las parejas que hacen lo contrario van camino del desenamoramiento. Lo nuestro no era sólo producto del enamoramiento, sino principalmente del reencuentro, eso crea una gran diferencia.

Compartimos mucho. Estimo esa parte de mi vida como una historia del mundo de las hadas, tanto, que me cuesta trabajo creer que la viví.

Recitábamos un verso de Jibran: "El verdadero amor nace en el instante mismo del reencuentro" y nos enorgullecía ver que así había sido en nosotros, mágico, inmediato, sin esfuerzo ni conquistas «si ya tuviste esa experiencia, me comprenderás», lo que algunas personas llaman amor a primera vista.

Sentí nostalgia. La inminencia de mi última runa me avisaba que se me acababa el tiempo y cuestionarme no haberlo aprovechado mejor me producía desasosiego y ansiedad. Pensaba que otra vez las experiencias habían pasado por mi vida deprisa y que tal vez no me tomé el tiempo suficiente para estar en cada lugar, disfrutarlo plenamente y aprender todo lo que estaba disponible para mí.

¿Por qué me pasa esto a mí? ¿Ni siquiera ahora que estoy muerto logro rendirme a experimentar cada instante a plenitud? Grité fuertemente desde el fondo de mis entrañas. ¿Sufrir o culparme, para qué? Simplemente debo rendirme a vivenciar este proceso, fue mi inmediata reflexión mientras sentía ardor y carraspeo en la garganta.

Mientras analizo estas experiencias y vivencias en este lugar, concluyo que a decir verdad, los aprendizajes de las runas se conocían en tercera dimensión; ¿será que los grandes creativos son simplemente gente con una excelente memoria del más allá?

Un letrero que ya había leído en vida –de Pitágoras– enmudeció mi ser al salir de aquel lugar:

"Fácilmente podrás apreciar que los hombres son los artífices de sus propias desventuras. En su desgracia no ven los bienes que tienen ante sus ojos; sus oídos se cierran ante las verdades. ¡Qué pocos conocen los verdaderos remedios a sus males!"

Mi paso era lento y triste por la certeza del inminente final.

El letrero de mi última runa me sorprendió y en el umbral seres de luz me daban la bienvenida y marcadores de colores.

RUNA 48
LAS BIENAVENTURANZAS

- Bienaventurados los que aman porque sus corazones siempre rebosarán de alegría.
- Bienaventurados los que sonríen porque ellos gozarán de buena salud.
- Bienaventurados los soñadores porque ellos transformarán el mundo.
- Bienaventurados los que dan sin esperar nada a cambio porque su recompensa llegará con creces.
- Bienaventurados los portadores de esperanza porque ellos calmarán las aflicciones de la Tierra.
- Bienaventurados los que reconocen su poder sin límites porque ellos se harán responsables de sus cosechas.
- Bienaventurados los que escuchan porque ellos aprenderán constantemente.
- Bienaventurados los que descubren el poder de la luz en sus corazones porque ellos eliminarán sus límites.
- Bienaventurados los que sirven porque ellos son las manos de Dios sobre la Tierra.
- Bienaventurados los honestos porque ellos viven en la luz.
- Bienaventurados quienes aprovechan cada segundo de su existencia porque en ellos reinará la prosperidad.
- Bienaventurados los que oran porque ellos serán escuchados y su súplica satisfecha.
- Bienaventurados los que meditan porque ellos escucharán a Dios.

- Bienaventurados los que practican la contemplación porque ellos verán el rostro de Dios.
- Bienaventurados los que hacen ejercicios espirituales porque ellos se unirán con Dios.
- Bienaventurados los que ven el rostro de Dios en cada ser humano porque ellos serán bendecidos con el don de la sabiduría.
- Bienaventurados quienes están dispuestos a conquistar sus propias batallas porque ellos serán ejemplo de vida.

Lo único que no me gustó en este claustro fue no haber leído las bienaventuranzas dichas por el maestro Jesús el Cristo; no sé por qué razón llegué a la conclusión que éstas eran mis propias creaciones, fruto de los aprendizajes obtenidos al pasar por las runas anteriores. Concluí que todos finalizamos una etapa de aprendizaje escribiendo nuestras propias bienaventuranzas, no supe en qué momento lo hice.

Al salir y devolver los marcadores noté que los había utilizado.

PARTE V

ILUMINACIÓN

Estaba fatigado de cavilar, aprender y clarificar tantos temas. Sin embargo, me quedaba claro que el camino de aprendizaje es eterno y por lo tanto yo estaba en alguna parte de mi camino y los demás, en alguna parte del suyo; que avanzar por ese camino de entendimiento nos da herramientas para mejorar nuestra calidad de vida, y que por difícil que sea un ciclo vital e inútil que parezca siempre se avanzaba en nuestro proceso evolutivo.

Me extasié mirando el paisaje; observar imparcialmente era una virtud que practicaba poco; casi siempre, después de observar surgía un juicio inmediatamente, esta vez no fue así.

Había mucha gente, cada uno vivía en su propio mundo experimentando sus propios procesos. Al tiempo que éramos tan diversos, hacíamos parte de un gran todo y la separación era sólo mental.

Supe que debía despedirme de aquel lugar e iniciar un nuevo viaje o una nueva vida. Consideré que toda esta experiencia vivida en estas runas recobraba sentido, así que había llegado mi hora. Otra vez me guiaba mi ángel guardián, Dios, la voz de mi conciencia, mi parte perfecta.

FINAL DE LOS DIALOGOS

— *La única manera de corroborar si has aprendido tus lecciones es sometiéndote a un examen, y para ello es importante que tengas otro periodo vital en tercera dimensión, es allí donde podrás verificar la realidad de tu aprendizaje.*

— *¿Te refieres a volver a nacer, vivir y morir?*

— *¡Exactamente!*

— *¿Qué sentido tiene? Supongo que leí cuanto necesitaba y por ende ya aprendí lo que necesitaba sobre las runas.*

— Leer es diferente de aprender. Como sólo el conocimiento que se aplica persiste en el espíritu, es hora de practicar la información que has recibido.

— *¿Debo repetir?*

— Realmente jamás se repite. Cambiarás tus siembras y por consiguiente tus cosechas; atraerás nuevas personas y vivirás nuevas experiencias. Tu respuesta ante ellas y tu capacidad de sembrar mejores cosas determinarán cuánto aprendiste.

— *¿Eso significa que puedo seleccionar lo que necesito aprender en el próximo ciclo vital?*

– Ya lo seleccionaste al cierre del anterior. Ahora debes continuar, con lo que aprendiste preparaste tus siguientes lecciones.

– ¿Y cuál será mi propósito? ¿El mismo?

– El propósito cambia en la medida en que cambian las lecciones que requieres aprender. Por ejemplo, si precisas intensificar tu aprendizaje en el servicio, tu propósito va a estar orientado a ello; si lo que necesitas principalmente es descubrir tu poder, tal vez tu propósito tenga que ver con la creatividad. Lo más importante es que sepas que nunca es lo mismo; incluso, hay múltiples niveles de aprendizaje en una misma lección. Recuerda que el aprendizaje es infinito.

– ¿Qué debo hacer ahora para continuar?

– Es fácil. En tu historial está plasmada tu propia eternidad. ¿Estás listo?

– Sí.

– Así que, déjalo todo y sígueme.

– ¿A qué te refieres?

– A tu pasado, te convertirás en un ser nuevo.

Caminamos por un paraíso de inefable belleza. Cualquier palabra sería insuficiente para narrar tanta maravilla. Todo allí era perfección y brillaba con luz propia... me sentí conmocionado al comprender que yo también resplandecía. En el centro de mi pecho se proyectaba un sol, lo más parecido a lo que yo conocía como energía crística, aquella que Jesús el Cristo había enseñado en la Tierra, es el camino hacia la verdad y la vida.

Noté que cada uno tenía mayor o menor intensidad de luz en ese sol y que eso marcaba las diferentes evoluciones de cada ser. A mayor evolución más resplandor y a menor evolución más tenue la luz.

Las experiencias en vida nos hacen acreedores a mayor o menor luz en nuestra energía crística, por consiguiente a una mayor o menor comunicación con nuestro ser interno.

Jesús había dicho hacía más de dos mil años "YO SOY EL CAMINO HACIA LA VERDAD Y LA VIDA", y hasta ahora lo entendía, igual que entendí las palabras "Busca a Cristo en tu corazón". Cuanto más evolucionadas las personas, el sol resplandecía más en sus corazones, su energía crística y su conexión con Dios eran mayores.

Al estar más conectado con Dios también lo estamos con nuestro propósito y nuestro periodo de vida es más agradable. Realmente todos tenemos esta conexión, aunque algunos tienen mayor capacidad de escuchar lo esencial, capacidad ganada durante el aprendizaje obtenido de vida en vida. Además, las personas cuyo éxito es digno de emular creen fuertemente en Dios y están en estrecha comunicación con Él, sin importar la religión que profesen.

El camino de la vida es un retorno de la materia a la esencia a través de continuos aprendizajes, hasta el día en que nuestra voluntad esté a merced de nuestro Creador, a partir del cual el camino se revestirá de felicidad, plenitud y agradecimiento por cada experiencia obtenida, independiente a ser calificada como buena o mala. Por el contrario, cuanto menos evolución se tiene, la separación mental con Dios es mayor. Es irónico que en esta parte del camino la mayoría de las personas acostumbran buscar a Dios fuera de sí y la desconexión con su propio ser interno es tal que genera depresión, aburrimiento y carencia de sentido; qué hace muy fácil refugiarse en el vicio.

Miré mi corazón y cuanta más atención ponía en mi energía crística mayor era mi sentimiento de dicha, plenitud y gozo. Sentí que yo era la eternidad y sentí orgullo de mí mismo y, antes de empezar a juzgar mi soberbia, pude ver la luz dentro de mí. Sorprendido, pensando que podría tratarse de una ilusión óptica, decidí buscar de nuevo a Dios fuera de mí, a mi alrededor, no, no estaba; esta vez, en lugar de entristecerme, fue mayor mi felicidad inmediatamente entendí que el único lugar donde podía buscarlo por el resto de mi eternidad era en mi propio corazón. Agradecido, esbocé un resumen de lo aprendido:

1. Debo agradecer todas las experiencias, independiente de si creo que son malas o buenas, más allá del maya de la ilusión de sufrir o gozar, sé que en todo hay una lección.

2. Las respuestas acertadas en el camino de mi vida las encuentro dentro de mí.

3. El universo siempre escucha y apoya la materialización de los deseos auténticos de mi corazón.

4. El Dios en el cual yo habito no tiene límites, luego yo soy ilimitado.

5. La única condición para que los deseos se realicen es que sean para el bien mayor. Como en el cuento de la

lámpara de Aladino, la lámpara es mi corazón, el genio es Dios y el amo y creador de mis deseos soy yo.

6. Al silencio del corazón hay que regresar una y mil veces, allí están las respuestas correctas.

7. En momentos de desasosiego, desesperanza o confusión debo recordar que no necesito luchar contra la vida; por el contrario, debo conectarme con la vida y dejar que todo fluya desde la luz de mi corazón.

Deseé permanecer en la repetición de lo que había aprendido para que jamás se borrara de mi memoria, mi Yo superior me apartó de esta ilusión.

– Es hora de continuar tu preparación.

Entré a otra gran sala de cine donde sólo había ángeles y seres de luz con rostros que reflejaban pureza. Me senté en un cómodo sillón y de inmediato se inició la proyección de la película de mis vidas.

Fueron muchos los sentimientos en aquel momento. Tristeza, nostalgia de tiempos pasados y personas que volvían a mi memoria, parecía que tanto ellas como las experiencias mismas estuviesen presentes. Sentí asombro por tantas cosas absurdas; por enterarme de lo que había sido y observarme en un cuerpo de mujer; por amar intensamente a alguien a quien antes hice daño; por recoger una siembra que correspondía a una vida anterior sin entenderlo; por ver todo esto y comprender que todo lo vivido durante mi eternidad era perfecto y justo.

Supe cuáles serían las materias que tendría que repetir y cuáles las nuevas; sin entender muy bien el principal propósito de mi próxima vida, pedí que me lo repitieran y lo único que me dijeron fue:

> ***VUELVE A TU CORAZÓN***
> ***UNA Y OTRA VEZ,***
> ***PORQUE AHÍ ESTÁ LA INFORMACIÓN***
> ***DE CUÁL ES TU PROPÓSITO Y***
> ***CÓMO CUMPLIRLO.***

Luego viví un proceso donde integré a mi mente mis nuevos 48 sellos y en el que determiné el tiempo que iba a vivir, mi sexo y mis padres; los seleccioné entre las personas con quienes había compartido en vidas anteriores y con las cuales tenía ligas kármicas pendientes.

Por último, un destello de luz seguido de una profunda oscuridad me obnubiló y resulté transportado a un ámbito de niebla... creo que volví a morir.

RENACIMIENTO

Ahora me encuentro en un lugar muy cómodo y de agradable temperatura; estoy pronto a llegar a no sé qué lugar. Todo es mágico.

¿Quién soy, de dónde vengo, dónde estoy, a dónde voy? No importa, aquí todo es plenitud y hace mucho tiempo que vivo acá.

¿Qué sucede? ¿Por qué tanto ruido? ¿Quién gime? No entiendo por qué me obligan a salir. Esto es incomprensible; me hallo en un lugar muy estrecho y me maltratan ¡Qué frío! Esa luz encandila mis ojos, algo maltrata mi piel. ¿Por qué me pegan? Voy a llorar.

De nuevo todo es felicidad y no entiendo por qué. Puedo asegurar que quien me alimenta con su pecho es una persona que ya conocía; aparte de haber estado en su vientre, presiento que la conozco desde antes. Sí, presiento que alguna vez viví mucho tiempo con ella sin expresarle mi amor; no sé cuándo, así fue; partió de mi vida sin que yo le hubiese expresado el amor que siempre sentí por ella; esta experiencia me enseñó que sólo se puede amar en el momento presente y que durante esa vida se me hizo tarde para amarla.

DESPERTAR

Si Dios te regala un día más de vida, disfrútalo al máximo, vívelo intensamente, es mejor dormir cansado que frustrado; dale gracias al cielo y bendice el mundo con tu actuar. Séneca hace mucho tiempo enseñó que no es que se nos dé poco tiempo para vivir, sino que lo desperdiciamos demasiado.

* * *

Alguien me sacudió con fuerza, desperté bruscamente. Al abrir los ojos, ella estaba frente a mí; su larga cabellera cubría parcialmente su rostro angelical y sus ojos color café. Su mirada penetrante llena de amor y comprensión me decía que no era tiempo de dormir.

– Esta vez sí se te ha hecho tarde; hace mucho tiempo no hacías una siesta tan larga –dijo al despertarme.

Quedé atónito por el sueño tan vívido que acababa de tener. Fue un momento de introspección total; lo recordaba tan claramente que me prometí escribirlo.

Repasé toda la situación. Consideré mis sentimientos antes de quedarme dormido, el agotamiento permanente y el cansancio exagerado que me producían los asuntos pendientes o ciclos por cerrar, la decisión de lanzarme a la acción, la elección de vivir plenamente el presente y amarlo sin condiciones para no tener que lamentarme después y no tener que llegar a la conclusión que ya era tarde para amar, porque en el presente ya es tarde para amar todo lo que no se amó en su momento.

Me aseguré de recordar las principales enseñanzas del sueño: que el momento del poder y del amor es el presente; que yo estoy en Dios y una excelente comunicación con Él facilita el tránsito por el camino de la vida; que he sido creado con un propósito o plan de vida y con los dones necesarios para hacerlo realidad; que el mundo obedece a leyes naturales que, las conozcamos o no, funcionan y condicionan nuestras vidas; que tengo cinco grandes poderes para transformar el mundo, a saber, los poderes de la imaginación, el verbo, la acción, los sentimientos y la alimentación; qué requiero elegir continuamente entre vivir en la luz o en la oscuridad; y, lo más importante, que imponernos límites es expresión de nuestra ignorancia.

Quería recapitular muy bien todos los mensajes de este sueño para transmitirlos de manera neutral y completa, sin condicionarlos por mis creencias y paradigmas internos. ¿Se me pedía, tal vez, que transmitiera una revelación? Como fuera, ya estaba decidido; esta experiencia debía ser contada al mundo a través de un libro y así lo haría, aunque muchos de los temas sobre los que tendría que escribir eran nuevos para mí.

Al advertir que me hacía una nueva promesa, me conecté con el rechazo a tener asuntos pendientes que sentí antes de la siesta y con la perentoria necesidad de ponerme en acción. Así que, dé un salto me senté en el sofá; el reloj marcaba las dos y veinte minutos de la tarde. Había dormido más de una hora; no podía continuar con este hábito si realmente tenía el serio propósito de cambiar los resultados de mi vida si deseaba obrar en forma inmediata y constante para realizar todos mis asuntos pendientes.

Respiré profundamente y me prometí a mí mismo lanzarme a la acción. Al levantarme del sofá sentí mi cuerpo pesado, desde hacía algún tiempo acumulaba kilos de más y cada vez que me proponía bajarlos, alguna disculpa surgía dentro de mí y renunciaba a mi intención.

Esta vez todo sería diferente. En mi mente resonaban las palabras acción, acción, acción y "los milagros se realizan". Me repetí con vehemencia una frase de un libro de mejoramiento personal: "Voy a vivir hasta que muera y no voy a buscar que vida y muerte se confundan. Mientras permanezca en esta tierra me propongo vivir. ¿Por qué vivir tan sólo a medias?"

Me levanté dispuesto a completar todo lo pendiente, como escribir un libro y bajar de peso. Al caminar presuroso hacía el estudio, de la cocina emanaban agradables aromas; a café y postre de almendras, una voz desde el comedor me invitó a degustar el exquisito sabor de mi postre preferido... Y allí me encontré de nuevo frente a un aparentemente simple, y a la vez profundo, dilema.

DEL AUTOR

Estimado amiga y amigo: Invita a tus amigos y familiares a que reciban las herramientas plasmadas en este libro para mejorar su calidad de vida e incrementar su luz.

Para adquirir nuestros audios o participar en talleres Visítanos en: https://www.facebook.com/danielhernandezx1

Para realizar talleres en tu ciudad o comunidad, envíanos la petición al email: daniel.hernandezx1@gmail.com

Encontrarás más información del autor en:
https://www.facebook.com/cuandoparaamarestarde

TWITTER: @DanielHO

https://www.facebook.com/fracasarotriunfartueleccion

¿Quieres colaborar con nuestra red de datos? Indícanos: Nombre, país, edad y como llegó este libro a tu vida. Escribe a: daniel.hernandezx1@gmail.com

Con amor y luz.

Daniel Hernández Osorio.

www.ingramcontent.com/pod-product-compliance
Lightning Source LLC
Chambersburg PA
CBHW062207080426
42734CB00010B/1826